Selbstbewusst-sein stärken

I can do it!

Ganz einfach Selbstvertrauen gewinnen & sicher auftreten für mehr Erfolg

Werde der, der du sein kannst!

Richard Nehls-Zeiler

Alle Ratschläge in diesem Buch wurden vom Autor und vom Verlag sorgfältig erwogen und geprüft. Eine Garantie kann dennoch nicht übernommen werden. Eine Haftung des Autors beziehungsweise des Verlags für jegliche Personen-, Sach- und Vermögensschäden ist daher ausgeschlossen.

ISBN: 9798485631147

1. Auflage 2021

Motto

„YOU CAN DO IT!“

INHALT

Einleitung

Selbstbewusstsein – immer wieder begegnet uns dieser Begriff im Alltag, doch die wenigsten können konkret definieren, was eigentlich dahintersteckt.

Jeder Mensch hat eine individuelle Vorstellung davon, was es heißt, selbstbewusst zu sein. Grundsätzlich ist es wichtig, seinen eigenen Wert als Mensch zu kennen und diesen auch gegenüber anderen zu vertreten. Es geht zum einen darum, von seinen Fähigkeiten und Talenten überzeugt zu sein, zum anderen aber auch seine Schwachstellen zu kennen. Jeder Mensch hat Stärken und Schwächen, doch selbstbewusste Menschen wissen nicht nur exakt, wo diese liegen, sondern können auch optimal mit ihnen umgehen.

Um es auf den Punkt zu bringen: Selbstbewusstsein bedeutet **„sich-seiner-selbst-bewusst-zu-sein"**.

Es ist ein nahezu unerschöpfliches, bereicherndes und facettenreiches Thema: Wer ein gesundes Selbstbewusstsein entwickeln möchte, muss lernen, sich selbst in seiner Gesamtheit zu akzeptieren und zu respektieren –mit allen Facetten der eigenen Persönlichkeit. Selbstbewusstsein ist keine angeborene Charaktereigenschaft, sondern entwickelt sich schon in der Kindheit. Die gute Nachricht: Wenn es Ihnen an Selbstbewusstsein mangelt, sei es auch nur in bestimmten Lebensbereichen, so können Sie es im Laufe Ihres Lebens immer wieder stärken und trainieren.

Dieser Ratgeber möchte Sie dabei unterstützen, Ihr volles Potenzial zu entfalten und Ihnen Wege aufzeigen, wie Sie zu mehr Selbstbewusstsein, Selbstvertrauen, Selbstachtung und Selbstliebe gelangen. Ihr alltägliches Leben wird wesentlich tiefergängiger, selbstbestimmter, reicher und erfüllter werden. Natürlich braucht es ein wenig Engagement und Arbeit, um das Selbstbewusstsein zu stärken und weiterzuentwickeln, doch es zahlt sich in jedem Fall für Sie aus! Ein starkes Selbstbewusstsein sorgt für ein Plus an Lebensqualität und lässt Sie zufriedener, gelassener, dankbarer und auch erfolgreicher durch Alltag und Beruf gehen.

Erfahren Sie in diesem Buch, welche Ursachen hinter einem mangelnden Selbstbewusstsein stecken und wie Sie von Tag zu Tag zu einer besseren und stärkeren Version Ihrer selbst werden können. Konkrete Tipps und erprobte Strategien helfen Ihnen dabei, im Alltag, im Beruf und auch in Beziehungen selbstbewusster zu werden. Darüber hinaus lernen Sie, die Macht der Körpersprache und Ihrer Stimme für sich zu nutzen, egal ob Sie vor kleinen oder großen Menschengruppen auftreten oder einfach nur ein Gespräch führen möchten. Zudem verrate ich Ihnen, wie Sie ab sofort Ihre Ziele erreichen und Ihre Selbstliebe stärken. Interaktive Übungen und Fragen, die Ihnen bei der Selbstreflexion behilflich sind, begleiten Sie durch das Buch.

Denken Sie immer daran: Sie können alles schaffen, wenn Sie nur wollen! In jedem Kätzchen steckt ein Löwe.

Ich wünsche Ihnen viel Freude beim Lesen und bei der spannenden Reise in Ihr Inneres.

1. Selbstbewusstsein – Was ist das?

Selbstbewusstsein lässt sich wie folgt definieren: Es geht zum einen um das Bewusstsein eines Menschen, der sich selbst als ein fühlendes und denkendes Individuum wahrnimmt. Zum anderen geht es um den Glauben an die eigenen Talente, Stärken und Qualitäten, also den eigenen Wert als Mensch zu kennen und zu schätzen. Das alles ermöglicht schließlich ein selbstsicheres Auftreten nach außen hin.

„Sich seiner selbst bewusst zu sein“ bedeutet in erster Linie, seine eigene Persönlichkeit exakt zu kennen. Hierzu gehören alle Eigenschaften und Charakterzüge, die einen als Mensch ausmachen.

Jeder von uns hat seine eigene Lebensgeschichte und es ist wichtig, diese zu respektieren und die daraus resultierenden Erfahrungen anzunehmen. Es ist von essenzieller Bedeutung, genau zu wissen, was man kann und wo vielleicht noch Ausbaubedarf besteht, aber auch die eigenen Grenzen zu achten. Selbstbewusstsein heißt, an sich selbst zu glauben. Es bedeutet, **„Ja“** zu sich selbst zu sagen – mit allen Facetten – und zu verstehen, dass man ein guter und wertvoller Mensch ist.

Niemand ist perfekt und ein gesundes Selbstbewusstsein lässt sich auch nicht kaufen, doch indem man sich intensiv mit seinem Selbst befasst, kann man es erlangen. Selbstbewusstsein wurde keinem von uns einfach so in die Wiege gelegt. Es ist vielmehr ein lebenslanger Prozess. Täglich verändern sich Dinge in unserem Leben. Wir wachsen stetig und entwickeln uns immer weiter. Aus diesem Grund wird auch nie „DAS eine stabile Selbstbewusstsein" erreicht. Es kann immer noch weiter ausgebaut und gestärkt werden.

Ab dem Tag der Geburt durchläuft ein Mensch stetige Veränderungen. Schon als Kind beginnt er damit, sich langsam von seinen Eltern zu lösen und nach Autonomie zu streben. Wenn er in einer starken, familiären Basis aufwächst, befähigt ihn das, einen Lebensweg voller Entdeckungsfreude, Sicherheit, Vertrauen und Selbstbewusstsein zu gehen. Um ein gesundes und starkes Selbstbewusstsein aufzubauen, ist also stetige Veränderung nötig. Wer nicht bereit ist, alte Ufer zu verlassen, der wird keine neuen Meere erobern können. Wir Erwachsenen sind immer wieder auf der Suche nach uns selbst. Es gibt Menschen, die richtig Freude daran haben, sich persönlich weiterzuentwickeln, sich zu verändern und Neues zu probieren. Andere wiederum verlassen ungern ihre Komfortzone, frei nach dem Motto: „Vielleicht muss ich endlich mal was verändern, um auch mal selbstbewusster zu sein."

Ein solches Mindset ist definitiv der falsche Ansatz, denn das Wort „muss" ist hier fehl am Platz! Ein gesundes Selbstbewusstsein impliziert immer die richtige Zielformulierung: Wo will ich hin? Wie möchte ich sein?

Das Selbstbewusstsein zeigt den Mitmenschen, was man sich selbst zutraut. Es verdeutlicht, wie sicher man sich in einer bestimmten Lebenssituation fühlt: Weiß man um die eigenen Stärken und Kompetenzen? Tritt man locker und selbstbewusst auf? Kennt man auch seine Grenzen und Schwächen? Genau dieses Gefühl des Sich-selbst-bewusstseins kann einen deutlichen Unterschied ausmachen – insbesondere in Alltagssituationen, in der Partnerschaft oder im Job!

Selbstbewusstsein ist das tiefe Vertrauen in die eigenen Fähigkeiten und den eigenen Wert. Wer diese Stärke besitzt, kommt viel besser mit Misserfolgen und Krisenzeiten zurecht. Deswegen sind selbstbewusste Menschen meist erfolgreicher als jene, die an sich zweifeln.

Selbstbewusstsein hat überhaupt nichts mit Reichtum zu tun, mit einer hohen Karriereposition oder einem teuren Auto. Es geht nicht um einen Status, um die Höhe des Kontostands oder um irgendwelche Äußerlichkeiten. Wer wirklich selbstbewusst ist, braucht sich nicht lautstark vor anderen zu behaupten oder einen Schein zu wahren.

Selbstbewusstsein ist eng mit der persönlichen Weiterentwicklung verbunden. Es ist wichtig, nicht auf der Stelle zu treten, sondern stetig an sich selbst zu arbeiten.

Sie haben Ihre ganz individuellen Wesenszüge – so wie jeder andere Mensch auch. Definieren Sie Selbstbewusstsein für sich selbst und arbeiten Sie mit Freude daran, Ihre mentale Stärke zu trainieren. Erkennen Sie Ihre Einzigartigkeit und leben Sie diese auch jeden Tag bewusst aus.

1.1 SELBSTVERTRAUEN & SELBSTWERTGEFÜHL

Selbstvertrauen und Selbstwertgefühl – das sind die zwei Säulen, die gemeinsam das Selbstbewusstsein tragen.

Beim **Selbstvertrauen** geht es um den Glauben an die eigenen Stärken, Kompetenzen, Fähigkeiten, Kräfte und Erfolge. Man kann sagen, dass Selbstvertrauen das Ergebnis aller Erfahrungen ist, die man im bisherigen Leben – basierend auf den eigenen Fähigkeiten – gemacht hat.

Beim Selbstbewusstsein geht es um das „sich-bewusst-sein", also das Wissen um sich selbst. Jemand, der in einem Lebensbereich, in dem er erfolgreich ist, ein stark ausgeprägtes Selbstvertrauen besitzt, kann in anderen Situationen, wo er vielleicht schon Niederlagen erfahren hat, sehr unsicher sein. Das Selbstvertrauen einer Person hat also nichts mit den tatsächlich vorhandenen Fähigkeiten zu tun, sondern ist vielmehr mit den individuellen Erfahrungen verbunden, die man im Lauf seines Lebens gesammelt hat.

Selbstbewusstsein und Selbstvertrauen können terminologisch also nicht miteinander gleichgesetzt werden. Im Alltag werden zwar beide

Begrifflichkeiten synonym verwendet, doch es gibt einen wesentlichen Unterschied zwischen dem Selbstvertrauen und dem Selbstbewusstsein eines Menschen.

Ich möchte Ihnen das kurz nochmals veranschaulichen:

- Das **Selbstbewusstsein** blickt auf die Vergangenheit zurück: Es kennt die individuellen Talente und Fähigkeiten, aber eben auch Schwächen. Man ist sich all seiner Qualitäten – positiver wie auch negativer – bewusst.
- Das **Selbstvertrauen** schaut im Vergleich dazu eher nach vorne. Es befähigt einen Menschen, Grenzen und Herausforderungen zu überwinden und immer wieder über sich hinauszuwachsen. Durch das Vertrauen in sich selbst kann sich ein Mensch ständig weiterentwickeln und reifen.

Wie ist es bei Ihnen?

– Können Sie sich vertrauen?
– Vertrauen Sie auf Ihr Bauchgefühl, auf Ihre Impulse und Ihre Fähigkeiten?
– Haben Sie ein allgemeines Vertrauen in dieses Leben und in Ihre Mitmenschen?
– Schauen Sie eher ängstlich oder doch zuversichtlich auf das, was Sie tun?
– Fällt es Ihnen schwer, Vertrauen aufzubauen? Woher könnte dieses mangelnde Selbstvertrauen bei Ihnen kommen?
– Erinnern Sie sich, wer Ihnen in der Kindheit ein starkes Selbstvertrauen vorgelebt hat?

Übrigens...

Nicht mit dem Selbstvertrauen zu verwechseln ist auch die Selbstverantwortung! Hier geht es darum, Verantwortung für sich selbst zu übernehmen. Fühlen Sie sich manchmal als Opfer gewisser Umstände? Können Sie Verantwortung für sich selbst und die aktuelle Situation tragen, egal wie unangenehm es vielleicht auch sein mag? Fühlen Sie sich für Ihre eigene Person verantwortlich?

Die zweite Säule des Selbstbewusstseins ist das **Selbstwertgefühl**. Dabei geht es um die Innenschau. So viele zweifeln bedauerlicherweise an ihrem eigenen Wert als Mensch und haben eine sehr negative Meinung über sich. Sie denken, dass sie nicht ausreichend talentiert, intelligent, liebenswert oder attraktiv seien. Oft glauben sie auch, im Job leicht ersetzbar zu sein und niemanden mit ihrer Anwesenheit zu bereichern.

Ein gesundes Selbstwertgefühl ist ungemein wichtig, denn nur dann werden Sie sich selbst etwas zutrauen. Mit einem starken Selbstwertgefühl meistern Sie auch schwierige Herausforderungen oder Krisen im Leben souverän und treten selbstsicher vor ihren Mitmenschen auf. Menschen, die ein gutes Selbstwertgefühl besitzen, sind sich ihrer eigenen Fähigkeiten bewusst und wissen auch ganz genau, wie sie mit ihren persönlichen Schwachstellen umgehen müssen: Sie sind „sich-ihrer-selbst-bewusst" – selbstbewusst!

An dieser Stelle habe ich eine gute Nachricht für Sie: Das Selbstwertgefühl und das Selbstvertrauen sind zwei Eigenschaften, die Sie in Ihrem Leben gezielt aufbauen und stärken können! Indem Sie an sich arbeiten, werden Sie Schritt für Schritt zu einem selbstbewussteren Menschen.

Hiermit ist jedoch nicht gemeint, dass Sie perfekt sein sollen oder müssen! Jeder Mensch hat seine Schwachstellen. Ein gesundes Selbstwertgefühl lässt sich vor allem daran erkennen, dass man sich seiner Schwächen und Fehler bewusst ist, sich aber nicht selbst dafür verurteilt, und nachsichtig mit sich ist.

Wenn Sie Ihr Selbstwertgefühl kräftigen wollen, dann empfehle ich Ihnen, regelmäßig Tagebuch zu schreiben. Fokussieren Sie sich auf Ihre Erfolge! Schauen Sie auf das, was Ihnen im Leben gelingt und notieren Sie die vielen kleinen und großen positiven Momente, die Sie erleben. Blicken Sie am Wochenende auf die vergangenen Tage zurück und Sie werden erkennen, dass es absolut nicht nötig ist, negativ zu denken oder Ihr Licht unter den Scheffel zu stellen. Sie werden sehen, wie vieles Ihnen gut gelungen ist, wie viele Situationen positiv verlaufen sind und wie viele Talente in Ihnen schlummern.

Wenn Sie regelmäßig dranbleiben, bauen Sie ein immer stärkeres Selbstvertrauen und ein solides Selbstwertgefühl auf. So gelangen Sie letztlich zu einem authentischen Selbstvertrauen.

1.2 SELBSTACHTUNG, SELBSTANNAHME & SELBSTLIEBE

Das Selbstbewusstsein ist eng mit den Eigenschaften **Selbstachtung, Selbstannahme und Selbstliebe** verbunden.
Während das Selbstbewusstsein in der Alltagssprache überall präsent ist, liegt der Fokus kaum auf der Selbstachtung. Dabei ist diese die Grundlage und das feste Fundament jeglicher Zufriedenheit.

Selbstachtung bedeutet, sein eigenes Ich achtsam wahrzunehmen, sich selbst zu respektieren und sich so anzunehmen, wie man ist. Selbstachtung impliziert aber auch ein achtsames Handeln im Alltag. Sie dürfen und Sie sollen auch mal „Nein" sagen, denn jedes „Nein" zu anderen kann auch ein „Ja" zu sich selbst sein. Treffen Sie Entscheidungen zu Ihrem Wohle und nicht ausschließlich zum Wohl der anderen. Ihre Wünsche und Ihre Bedürfnisse haben ihre Berechtigung. Nehmen Sie sich wichtig!

Im Grunde gibt es keine bedeutendere Beziehung im Leben als die zu Ihnen selbst. Anstatt uns jedoch liebevolle Wärme, Achtsamkeit und Fürsorge zukommen zu lassen, stellen wir immer wieder unsere eigenen Bedürfnisse hintenan. Aber wenn Sie selbst nicht gut für sich sorgen, wer soll es dann tun?

Nur wenn es Ihnen gelingt, sich selbst zu achten, können Sie gut und sinnbringend leben. Wie Sie über Ihre eigene Person denken und wie Sie mit sich selbst umgehen, wirkt sich jeden Augenblick auf alle Lebensbereiche aus. Im Grunde ist das ja nichts Neues: Wir alle wissen, dass wir auf uns achtgeben müssen. Je schonungsloser wir mit unseren eigenen

Ressourcen umgehen, desto schneller sind sie aufgebraucht und wir fühlen uns leer, ausgebrannt und erschöpft. Je härter wir mit uns selbst ins Gericht gehen, desto negativer wird auch die eigene Denkweise über uns selbst geprägt. Je weniger wir auf unsere eigene Person Rücksicht nehmen, desto leerer und bedeutungsloser fühlen wir uns.

Es ist wichtig, dass wir gezielt auf uns schauen und uns von Zeit zu Zeit etwas Gutes gönnen, damit jeder Tag voller Freude sein kann. Wenn wir uns nämlich zunehmend fremdbestimmt verhalten, wird uns auch unser Handeln immer sinnloser erscheinen.

Doch was heißt nun konkret „auf sich achtgeben“ und „für sich selbst sorgen“? Es bedeutet vor allem, Verantwortung für das eigene körperliche, seelische und mentale Wohlergehen zu übernehmen. Das heißt, dass wir nicht nur für die anderen, sondern auch für uns selbst da sein müssen. Es ist wichtig, eine positive Beziehung zum eigenen Ich zu schaffen und die eigenen Bedürfnisse ernst zu nehmen. Körper, Geist und Seele brauchen täglich ausreichend Pflege. Nur so können sie sich gesund und glücklich entfalten. Wenn ihnen diese Fürsorge und liebevolle Zuwendung nicht geschenkt wird, riskiert man, seine körperlichen und seelischen Grenzen zu überschreiten. Es kommt zu Überforderung, zunehmender Unzufriedenheit, Stress, Frust, Erschöpfung und es können sogar diverse Krankheiten auftreten.

Es ist ungemein wichtig, in einen echten Dialog und eine Beziehung mit der eigenen Person zu treten. Entdecken Sie sich täglich neu und erlernen Sie einen liebevollen Umgang mit sich selbst. Finden Sie den Mut, aktiv und bewusst an Ihrer Selbstachtung zu arbeiten, und Sie werden faszinierende Veränderungen in Ihrem Alltag bemerken.

Diese besondere Form der Selbstzuwendung müssen wir zunächst einmal erlernen, doch es ist definitiv möglich. Eng mit der Selbstachtung verbunden ist die **Selbstannahme**, auch als Selbstakzeptanz bezeichnet. Es geht hier darum, gut zu sich selbst zu sein – sich genau so anzunehmen, wie man ist – mit allen positiven und negativen Facetten. Jeder Mensch hat seine ganz persönlichen Stärken und auch Fehler. Selbstannahme heißt, sich stets zu respektieren. Nicht nur die guten Seiten, sondern auch alle Macken, Ecken und Kanten. Wichtig ist eine wohlwollende Einstellung zur eigenen Person. So, wie wir uns fühlen, so werden wir auch von unseren Mitmenschen wahrgenommen. Für jemanden, der sich permanent über seine vermeintlichen Fehler und Schwachstellen ärgert und sich ständig auf seine Misserfolge konzentriert, wird es schwer sein, ein starkes Selbstvertrauen aufzubauen und sich selbst mit Respekt zu begegnen.

Zur Selbstannahme gehört auch die Fähigkeit, der Selbstreflexion. Es ist wichtig, Selbstkritik üben zu können und auch mal über sich zu lachen – mit einem gesunden Sinn für Humor!

Eine fehlende Selbstakzeptanz führt nur dazu, dass man ständig nach Anerkennung strebt. Die Selbstannahme impliziert immer eine innere Ruhe und Ausgeglichenheit, man agiert souverän und zufrieden. Wer sich selbst achtet, wer sich selbst liebt, der hat auch ein gesundes, starkes Selbstwertgefühl!

Darüber hinaus darf die **Selbstliebe** nicht aus dem Bick verloren werden. Wir gehen oft viel zu hart mit uns ins Gericht und das aus zweierlei Gründen: Zum einen halten wir es oft für verschwendete Zeit, uns um die eigene Person zu kümmern. Zum anderen befürchten wir, als egoistisch zu gelten, wenn wir uns selbst in den Mittelpunkt stellen und nicht alle anderen. Doch Selbstliebe ist niemals verschwendete Zeit und schon gar nicht egoistisch!

Haben Sie auch manchmal das Gefühl, dass Sie sich selbst nur im Kreis drehen, obwohl Sie den ganzen Tag am Machen und Tun sind? Haben Sie den Eindruck, persönlich nicht voranzukommen? Arbeiten Sie schwer von früh bis spät und irgendwie fühlen Sie sich am Ende doch nicht zufriedengestellt? Irgendetwas fehlt in ihrem Leben, doch Sie wissen nicht was?

Dann ist es möglicherweise an der Zeit etwas zu verändern – Ihr Mindset und auch Ihr Handeln! Die besten Absichten und die größte Disziplin nützen überhaupt nichts, wenn Sie sich nicht die Zeit nehmen, die eigenen Kraftressourcen neu aufzufüllen. Jeder von uns muss hin und wieder neue Energie tanken, ansonsten kommt es irgendwann zum absoluten Stillstand. Auch Ihr Verstand muss in regelmäßigen Zeitabständen mit frischer mentaler Power versorgt werden, damit er auch weiterhin kreativ und konstruktiv Probleme lösen kann. Sie brauchen Gelassenheit, damit sich Stressbelastungen nicht aufstauen und sich letztlich in Konflikten und Streit entladen. Sie brauchen Entspannung, damit Sie ruhig bleiben können und sich Ihr Körper ausreichend regenerieren kann.

Sie sehen, wie wichtig es ist, voller Selbstliebe auf sich zu achten, denn damit fördern Sie auch Ihre eigene Gesundheit – körperlich und psychisch!

Ein fürsorglicher und liebevoller Umgang mit der eigenen Person macht Sie kreativer, produktiver und effektiver. Das ist einfach die beste Voraussetzung, um der Welt stark zu begegnen.

Überlegen Sie gerne einmal:

– Wie ist Ihr aktuelles Wohlbefinden?

– Wann haben Sie sich das letzte Mal bewusst Zeit für sich selbst genommen?

– Wie viel Zeit gestehen Sie sich zu, um Ihre eigenen Kraftreserven wieder aufzufüllen?

– Wie viel Zeit müssten Sie sich gönnen, um mehr Energie für den Alltag zu haben?

Vergessen Sie bitte nicht: Wenn Sie sich Zeit für sich selbst nehmen - also aktiv Selbstliebe praktizieren - dann heißt das nicht, dass Sie egoistisch sind. Lassen Sie sich das bloß nicht von Ihren Mitmenschen einreden!

Selbstliebe bedeutet aber nicht, dass man rücksichtslos anderen gegenüber ist oder immer und überall seinen Willen durchsetzt. Nein, vielmehr dreht es sich darum, sich selbst – neben seinen Mitmenschen – wichtig zu nehmen. Man achtet auf sein Umfeld und vernachlässigt dabei sich selbst nicht. Jeder Mensch muss auch für sich persönlich Sorge tragen, um gesund und glücklich zu bleiben – man muss sich eben selbst lieben! Nur auf diese Weise ist man stark genug, um die Welt um sich herum zu bereichern und zu einem besseren Ort zu machen.

Selbstliebe ist keinesfalls nur ein irgendein Trend. Nein, es ist eine sehr wichtige Facette des Selbstbewusstseins. Selbstliebe ist eine zentrale Aufgabe, an der wir jeden Tag neu arbeiten können und auch sollen!

Selbstliebe bedeutet, sich selbst im Fokus zu haben, auf seine eigene Person zu achten und gut mit sich umzugehen. Jede unserer Erfahrungen schenkt uns wiederum neues Wissen. Wir können durch unsere eigenen Emotionen so viel über uns selbst lernen, an uns wachsen und letztlich über uns hinauswachsen. So verstehen wir nicht nur uns besser, sondern auch andere Menschen, ihr Handeln und ihr Fühlen. Es ist sehr wichtig, für jede Erfahrung dankbar zu sein, denn nur dadurch können wir uns weiterentwickeln. Auch schmerzliche Gefühle sollte man zulassen, da man sich hinterher deutlich ausgeglichener fühlt.

Man kann das Leben mit einem Pendel vergleichen: Wir verhärten, wenn wir nur auf einer der beiden Seiten verharren. Daher gibt es auch keine „finale" oder „vollständige" Selbstliebe, sondern sie verändert sich stetig im Gleichklang mit uns. Sie wird mit jeder unserer Lebenserfahrungen wachsen und so manches Mal wird sie auch auf die Probe gestellt werden.

1.3 WARUM IST ES SO WICHTIG, *SICH SEINER SELBST BEWUSST* ZU SEIN?

Selbstbewusstsein ist wichtig, doch warum eigentlich? Wie Sie bereits erfahren haben, geht es dabei um das Bewusstsein eines Menschen von sich selbst. Wie bewerten Sie sich? Kennen Sie Ihre Stärken und Ihren eigenen Wert? Lieben und respektieren Sie sich?

Es ist sehr wichtig, sich seiner selbst immer deutlicher bewusst zu werden. Dieser Prozess ist einer der bedeutendsten Aufgaben im Leben eines Menschen. Wer ist man wirklich? Welche Stärken hat man und welche Grenzen? Welche Bedürfnisse treiben einen an und welche davon sind tatsächlich wichtig? Wie sehen die innigsten Wünsche aus?

Im Wesentlichen geht es darum, seine wahre Natur zu erkennen, diese in einem zweiten Schritt anzunehmen und schließlich nach ihr zu leben. So viele Menschen richten bedauerlicherweise ihr Leben nach den Regeln und Wünschen anderer aus, anstatt bewusst auf sich selbst zu achten und den eigenen Weg zu gehen.

Ein starkes und gesundes Selbstbewusstsein ist wichtig, denn...

... es hilft Ihnen, Grenzen zu überwinden.

In unserem Leben gibt es immer wieder Begrenzungen, Krisen und Herausforderungen. „Ketten" wie die Erziehung, die Umwelt, die täglich Medienflut oder die Gesellschaft, in der wir leben – all das fesselt und blockiert uns. Immer wieder lassen wir uns durch solche Ketten in unserer körperlichen und geistigen Bewegungsfreiheit einengen.

Mit einem starken Selbstbewusstsein können wir jedoch zuversichtlich nach vorne blicken und ungeahnte Chancen entdecken. Wir können also Herausforderungen und Krisen besser überstehen und unsere Ketten sprengen.

... mit einem hohen Selbstbewusstsein dürfen Sie sich auch über einen hohen Selbstwert freuen.

Immer wieder bieten sich im Leben eines Menschen Gelegenheiten, um Grenzen und Hürden zu überwinden und so über sich selbst hinauszuwachsen. Wenn Sie sich ernsthaft und bewusst mit sich selbst auseinandersetzen, dann werden Sie stückchenweise erkennen, wie wertvoll Sie eigentlich sind. Sie werden Ihre Stärken und natürlich auch Ihre Grenzen wahrnehmen - Sie werden sich immer besser Ihres eigenen Ichs bewusst.

Als ein selbstbewusster Mensch werden Sie realisieren, dass nicht alles nur negativ ist. Sie werden Ihre Schwächen akzeptieren können, ohne dabei Ihren Wert als Mensch infrage zu stellen.

... ein starkes Selbstbewusstsein steuert Ihr Leben auf Erfolgskurs. Wenn Sie über ein starkes, gesundes Selbstbewusstsein verfügen, dann werden Sie auch in der Lage sein, wirklich gute Entscheidungen für sich selbst zu treffen. Sie können sich jeden Tag dafür entscheiden, welches Leben Sie tatsächlich führen möchten.

Sie werden das Potential Ihrer Fähigkeiten und Möglichkeiten voll ausschöpfen. Sie werden bewusst wählen, mit welchen Menschen Sie sich umgeben sein möchten: mit positiven Personen und Visionären, die Ihnen Kraft geben und Sie motivieren. Sie werden aktiv die Chancen ergreifen, die Ihnen das Leben immer wieder bietet. Die einengenden Ketten, von denen wir vorhin gesprochen haben, werden mit der Zeit verblassen und Sie können Ihr „inneres Gefängnis" verlassen.

Ich möchte Ihnen an dieser Stelle von Herzen Mut machen, genau diesen Pfad zu beschreiten. Keine Frage, es könnte ein steiniger und herausfordernder Weg werden, doch es zahlt sich mit Sicherheit für Sie aus! Sie werden sich zu einem immer stärkeren und selbstbewussten Menschen entwickeln, der ein freies, sinnerfülltes und selbstbestimmtes Leben führt. Ergreifen Sie Ihre Chancen! Das Selbstbewusstsein eines Menschen wirkt sich auf alle Lebensbereiche aus. Eine Person mit geringem Selbstbewusstsein wird in der Konfrontation mit der realen Welt immer mehr Angst und Zweifel verspüren. Das Gefühl von Zurückweisung, Selbstverachtung sowie Unzufriedenheit wächst immer stärker.

Irgendwann kann man den echten Selbstwert kaum mehr erkennen und dieser wird weiterhin konstant absinken. Ein Teufelskreis, in dem man sich selbst hinter dicken Mauern des Misstrauens und der Mutlosigkeit verkriecht Aus diesem Grund ist es ungemein wichtig, das Selbstbewusstsein zu stärken - also jeden Tag gezielt daran zu arbeiten, ein selbstbewusster Mensch zu werden und zu bleiben.

2. Wie entwickelt sich Selbstbewusstsein?

Das Selbstbewusstsein beginnt sich bereits in den ersten Lebensjahren auszuprägen. Wir bekommen unsere Werte von den Eltern oder anderen Bezugspersonen vermittelt. Man zeigt uns, welche Verhaltensweisen gut und welche eher unakzeptabel sind. Bei der Erziehung steht in erster Linie das Wohl der Mitmenschen im Mittelpunkt und nicht die eigene Person. Das, was Verärgerung oder Unmut bei anderen auslösen könnte, soll tunlichst vermieden werden.

Auf diese Weise bauen Kinder bestimmte Erziehungsmuster auf, die den Familienwerten entsprechen. Der eigene Weg wird also bereits in der Kindheit vorgezeichnet. Man weiß, wohin der Lebensweg führen wird und was man besser unterlassen sollte. Doch wie muss das persönliche Umfeld aussehen, damit sich ein gesundes und starkes Selbstbewusstsein entwickeln kann?

Im Idealfall sollten Kinder immer in einer liebevollen und warmherzigen Umgebung aufwachsen, in der sie sich umsorgt und geborgen fühlen. Damit unsere Sprösslinge zu selbstbewussten Erwachsenen heranwachsen können, ist es nötig, dass sie von den Eltern ein Gefühl der Akzeptanz und der Annahme vermittelt bekommen. Darüber hinaus müssen Kinder fest darauf vertrauen können, dass ihre Eltern immer bedingungslos für sie da sind: Geborgenheit und Sicherheit sind zentrale Komponenten.

• Eine gesunde kindliche Entwicklung basiert auf folgenden Grundpfeilern:

– Kinder erfahren Anerkennung, Liebe, Geborgenheit und Wertschätzung innerhalb ihrer Familie sowie des persönlichen Umfelds.
– Kinder haben Bezugspersonen, die selbst über ein ausgeprägtes Selbstbewusstsein und ein starkes Selbstvertrauen verfügen. Nur so können diese ein gutes Vorbild für die Kinder sein.
– Stetige Erfolgserlebnisse durch das Meistern kleinerer Aufgaben hilft Kindern dabei, sich auf ihre Talente und Fähigkeiten zu fokussieren und angenehme Erfahrungen mit der eigenen Person zu verbinden.

Wenn all diese Grundfaktoren vorhanden sind, dann entwickelt sich noch mehr als nur ein gesundes Selbstvertrauen: Das sogenannte Urvertrauen entsteht. Das Kind erkennt nicht nur den eigenen Wert, sondern entwickelt auch immer mehr Vertrauen in die Welt.

Nach der aktuellen Lehrmeinung wird das Selbstwertgefühl bei Kindern im Alter zwischen zweieinhalb und fünf Jahren entwickelt. Das bedeutet demnach jedoch auch, dass ein Kind im Alter von fünf Jahren bereits ein solides Selbstbewusstsein besitzen sollte.

3. Wie entsteht ein schwaches Selbstbewusstsein?

• Kindheit und Erziehung

Die Wurzeln unserer Persönlichkeit liegen im Elternhaus. Wir werden von Mutter und Vater bereits im frühesten Kindesalter maßgeblich geprägt – bewusst wie auch unbewusst. Das, was uns unsere Eltern vorleben, das verinnerlichen wir.

Genau betrachtet reicht die Prägung allerdings noch viel weiter zurück: Werte und Grundsätze haben unsere Eltern schon von den Großeltern übernommen und diese wiederum von ihren eigenen Eltern. Alle vorherigen Generationen haben dementsprechend einen Einfluss auf unser Selbstbewusstsein, wenn auch in unterschiedlicher Intensität.

Für ein mangelndes Selbstbewusstsein gibt es die verschiedensten Ursachen: Situationen wie beispielsweise Flucht, Krieg, Hungersnöte, Konflikte, Erkrankungen, Naturkatastrophen oder traumatische Erlebnisse haben oft einen deutlichen Einfluss auf die Entfaltung unseres Selbstbewusstseins, unseres Selbstvertrauens sowie unseres Selbstwertes.

Sie sehen, wie viele Bausteine im Grunde das Fundament unseres Wesens bilden. Jeder Mensch ist einzigartig und kann ähnlich wie ein unbeschriebenes Blatt betrachtet werden, wenn er das Licht der Welt erblickt. Alle Möglichkeiten stehen uns am Anfang unseres Lebens noch offen. Es liegt zu einem beträchtlichen Teil an uns selbst, ob wir das erreichen, was wir uns so sehr herbeisehnen. Wir können so vieles steuern und beeinflussen, aber ein großer Teil unserer Werte und Anschauungen wurde uns schon von den früheren Generationen mitgegeben.

Ein starkes Selbstbewusstsein muss unabhängig von Außeneinflüssen sein. Von besonders hoher Bedeutung sind die Grundbedürfnisse eines Menschen, nämlich der Wunsch nach Anerkennung, Respekt, Erfolg und Wertschätzung. Je nachdem, ob diese Bedürfnisse erfüllt werden oder ob es zu Mangelerscheinungen kommt, wird ein Mensch in seiner Kindheit entsprechend geprägt. Schon Kleinkinder beginnen in den ersten Lebensjahren nach Autonomie zu streben und sich mehr und mehr von den Eltern abzulösen. Wird dieser Prozess von Mutter oder Vater immer wieder unterdrückt, kann sich das Kind nicht mehr gesund entfalten. Im schlimmsten Fall kommt es im Erwachsenenalter zu einem stark verminderten Selbstwertgefühl, Angstzuständen sowie einer großen Unsicherheit bei der Konfrontation mit diversen Alltagssituationen.

• Konditionierung im Kleinkindalter

Durch Zuwendung oder Bestrafung konditionieren Eltern bereits im Kleinkindalter die unterschiedlichsten Verhaltensweisen.

Vom ersten Augenblick an sind Mutter und Vater die höchste und wichtigste Instanz für das Kind. Sie sind Vorbilder und vermitteln ihm bereits von Kindesbeinen an die wichtigsten Lebenslektionen. Im Rahmen der Erziehung kommt es auch immer zu existenziellen Fragen, wie zum Beispiel „Wer bin ich?", „Warum leben wir?" oder „Wie wichtig bin ich?". Darüber hinaus strebt das Kind stets danach, von Mutter und Vater angenommen, wertgeschätzt und beschützt zu werden. Die Werte der Eltern und allgemeine Verhaltensregeln werden vom Kind ohne Vorbehalte übernommen und verinnerlicht.

Vor allem die Bewertungen der eigenen Person spielen eine zentrale Rolle in der Kindheit, denn hier entscheidet sich grundlegend, ob ein

Kind ein starkes Selbstbewusstsein aufbaut oder nicht. Kinder versuchen, es ihren Eltern immer recht zu machen, und nehmen die Überzeugungen der Eltern als ihre eigenen an. Kommen von Mutter und Vater motivierende und positive Botschaften, so kann das Kind dementsprechend ein starkes Selbstbild entwickeln.

In den meisten Fällen ist aber genau das der Punkt in der menschlichen Entwicklung, an dem die Wurzeln für lebenslange Selbsterniedrigung und Selbstzweifel in unser Denken eingepflanzt werden. Durch ihre Haltung konditionieren Eltern das kindliche Verhalten noch weiter: Sie fördern erwünschtes Benehmen oder versuchen, nicht gewünschtes Betragen zu unterbinden.

Besonders problematisch ist es immer dann, wenn Eltern bestimmte Dinge zu ihren Kindern sagen:

– Das schaffst du ohnehin nicht.

– Lass das bitte stehen, du machst immer alles kaputt!

– Wie kannst du denn nur so ungeschickt sein?

– Rechnen/Singen/Sport gehört nicht zu deinen Stärken. Das liegt bei uns aber auch nicht in der Familie.

– Das kannst du nicht verstehen.

Wenn ein Kind solche oder ähnliche Sätze regelmäßig hört, können sie sich als negative Glaubenssätze etablieren, die einen Menschen lebenslang begleiten. Ohne wertschätzende und aufbauende Botschaften kann das Kind auch keine positive Selbsterkenntnis entwickeln.

Frühkindliche Verletzungen sind also eine bedeutende Ursache für ein mangelndes Selbstbewusstsein und ein geschwächtes Selbstwertgefühl.

Wenn Kinder beispielsweise immer wieder von den Eltern gesagt bekommen: *„So kannst du nicht sein, das gefällt uns nicht! Ein solches Verhalten entspricht nicht unseren Wünschen und Anforderungen"*, dann entwickeln sie das Gefühl, minderwertig und schlecht zu sein. Sie empfinden sich als ein mangelhaftes Wesen, das keinesfalls „Ja" zu sich selbst sagen kann. Die Folge ist ein innerlicher Rückzug, damit verbundene Selbsterniedrigung sowie ein stetiges Streben nach Perfektionismus.

Wenn Kinder erleben, dass sie nur dann Respekt, Geborgenheit, Liebe und Wertschätzung von ihren Eltern bekommen, wenn sie vollkommen deren Vorstellungen entsprechen, erlernen sie nie die Fähigkeit, „Nein" zu sagen. Im Gegenteil: Sie streben immer wieder nach Bestätigung von Seiten der Eltern, Lehrer sowie anderer Bezugspersonen. Sie brauchen positives Feedback und können mit Kritik oftmals überhaupt nicht umgehen. Aus einer solchen Grundlage heraus kann sich kein starkes Selbstbewusstsein entwickeln.

Besonders problematisch ist es auch, wenn Mütter und Väter ihr Kind mit anderen vergleichen: *„Warum bist du nicht so mutig wie Lisa?"* oder *„Schau mal, wie gut Tim das hinbekommen hat!"*. Dem Kind wird bewusst, dass andere in den Augen ihrer Eltern scheinbar besser sind. Durch das Verhalten der Eltern werden die Kinder schließlich in ihrer Überzeugung bestärkt, keine wertvollen Menschen zu sein. Sie beginnen gar nicht erst, von sich aus die Herausforderungen im Leben zu suchen. Sie lernen nicht, auf die eigenen Fähigkeiten und Talente zu achten, sondern nehmen nur das Schlechte, Negative und Minderwertige an sich wahr. Somit können sie sich gar nicht vollumfänglich ihrer eigenen Person bewusstwerden. Letztendlich beginnen sie auch damit, sich mit anderen Kindern – und später dann mit den Erwachsenen ihres Umfelds – zu vergleichen und werden aufgrund ihrer kindlichen Prägung dabei immer ziemlich schlecht abschneiden.

Kinder sollten aber auch nicht über andere gestellt werden, denn das ist der Keim für die Entwicklung eines überheblichen Verhaltens. Es ist problematisch, wenn Mütter und Väter ihren Kindern immer wieder sagen: „Die anderen können mit dir absolut nicht mithalten!" Auf diese Weise lernen Kinder nie, gezielt nach bestimmten Dingen zu streben und sich im Leben etwas zu erarbeiten. Sie kennen das Gefühl nicht, etwas aus eigener Kraft erreicht zu haben und letztlich stolz auf sich selbst sein zu können. Sie blicken hauptsächlich auf ihre Fähigkeiten, Qualitäten und Talente, übersehen aber dabei ihre Schwächen und die eigenen Grenzen. So können Kinder in gefährliche Situationen hineinschlittern und immer wieder negative Erfahrungen machen.

Kein Mensch hat nur gute oder nur schlechte Eigenschaften – und wer sich nur auf eine dieser beiden Seiten fokussiert, der ist sich seines Selbst nicht im vollen Umfang bewusst.

Einige Eltern versuchen, Erfolge wie tolle sportliche Leistungen oder gute Noten durch Anerkennung, kleine materielle Geschenke oder Lob zu konditionieren. Andere Mütter und Väter verbieten ihren Kindern, sich über eigene Erfolge zu sehr zu freuen. Sie haben Angst davor, dass das Kind überheblich und in Zukunft enttäuscht werden könnte. Mit einem solchen Verhalten fördern Eltern aber nur eine falsche Bescheidenheit bei ihren Kindern, die sich meist in einer kontraproduktiven Selbsterniedrigung äußert.

• Der Wille, etwas zu verändern

Jeder Mensch hat ganz eigene innere Überzeugungen, die ihre Wurzeln - wie bereits beschrieben - meistens in der Kindheit haben.

Solche Glaubenssätze basieren auf der persönlichen Sicht der Welt, also aus Erlebnissen und sogenannten Wahrheiten, die ein Mensch irgendwann in seinem bisherigen Leben einmal erlernt und erfahren hat. Glaubenssätze begleiten uns durch jede Lebensphase und können jegliche Form annehmen – positiv wie auch negativ. Glaubenssätze sind im Grunde nichts anderes als Gedanken, die Sie tief in sich selbst verinnerlicht haben und mit denen Sie diverse Geschehnisse im Alltag bewerten und einordnen – ohne sich darüber im Einzelnen bewusst zu sein. Man könnte sagen, dass es sich hier um einen automatisierten Vorgang handelt, der über den inneren Autopiloten läuft.

Solche Glaubenssätze können sich zum einen auf Ihre eigene Person beziehen: *„Ich muss immer absolut perfekt sein, da ich sonst meinen persönlichen Wert verliere."* Zum anderen können Glaubenssätze aber auch auf Ihr Umfeld betreffen: *„Im Leben gibt es nichts zum Nulltarif."* Wenn sich solch „falsche" Überzeugungen in uns festsetzen, kann das ziemliche Schwierigkeiten in unserem Leben verursachen, denn sie hindern uns daran, positive Erfahrungen mit uns selbst und mit anderen zu machen. Aus dieser Grundlage heraus kann kein gesundes Selbstbild entstehen.

Die meisten Menschen haben das Motto entwickelt: „Liebe und Anerkennung gibt es nur bei entsprechender Leistung." Nur wer brav, gehorsam und angepasst ist, wer gute Dienste leistet, der wird von seinen Eltern – und auch von anderen – geliebt und geachtet.

Es geht hier nicht darum, den Eltern eine Schuld zuzuweisen, sondern vielmehr darum, sich selbst bewusst zu machen, woher so manches starre Muster kommt. Eltern tun vieles, was unter Umständen „falsch" oder zumindest nicht förderlich für das Kind ist, nicht absichtlich. Sie wissen es einfach selbst nicht besser. Gerade deswegen ist es sehr wichtig, die eigene Kindheit genau zu betrachten und einzelne Etappen detaillierter zu analysieren. Viele Menschen wollen auch noch als Erwachsene „Mamas und Papas Liebling" oder eben „Everybody´s Darling" sein. Welche Sätze haben Sie als Kind gehört, die Ihr Selbstbild vielleicht bis zum heutigen Tag maßgeblich geprägt haben?

Haben Sätze wie *„Sei endlich einmal brav!"*, *„Wenn du dich jetzt nicht benimmst, dann fahren wir sofort heim!"* oder *„Dafür bist du viel zu schwach/klein!"* Ihre Einstellung zu sich selbst negativ beeinflusst?

Oftmals bemerken weder Eltern noch Kinder, wie destruktiv solche Aussagen tatsächlich sind. Sie lassen sich nur schwer ersetzen – das wird wohl jeder bestätigen, der selbst Kinder erzieht oder erzogen hat. Doch es zahlt sich definitiv aus, sich als Mutter oder Vater einmal bewusst vor Augen zu führen, was man seinen Kindern tatsächlich mit auf den Weg gibt. Nur wenn das geschieht, können solche Glaubenssätze auch erfolgreich aufgelöst oder verändert werden. Dann sind neue Wege möglich, die nicht nur das Hier und Jetzt positiv bereichern, sondern auch dem Kind ein positives Selbstbild und ein starkes Selbstbewusstsein mitgeben.

Denken Sie an dieser Stelle einmal über Ihre eigenen Glaubenssätze nach:

– Was denken Sie von sich selbst? Beschreiben Sie in wenigen Sätzen Ihr Selbstbild.
– Was haben Sie als Kind immer wieder zu hören bekommen?
– Welche Verallgemeinerungen wenden Sie auch heute noch an?
– Spüren Sie die Glaubenssätze auf, die Ihr Selbstbild nachhaltig prägen - positive wie auch negative.

Verlieren Sie nicht aus dem Blick, dass Ihre Überzeugungen Ihr Selbstbild ausmachen. Sie sind vergleichbar mit einem „inneren Treppengeländer", an dem Sie sich im Leben entlanghangeln und festhalten können. So versucht Ihr Unterbewusstsein, Sie vor Enttäuschungen zu bewahren. Doch genau diese inneren Überzeugungen tragen auch einen maßgeblichen Anteil dazu bei, dass wir uns selbst immer wieder Schmerzen zufügen, uns klein machen und Misserfolge erleben.

Positive innere Überzeugungen beflügeln hingegen. Sie bringen uns nach vorn, dorthin, wo wir gerne sein möchten. Negative Glaubenssätze hingegen bremsen uns aus. Sie halten uns in so vielen Dingen davon ab, tatsächlich glücklich zu werden und ein selbstbewusstes, erfülltes Leben zu führen. Überprüfen Sie immer wieder, ob Ihre Selbsteinschätzung mit der tatsächlichen Realität übereinstimmt. Wenn Sie hin und wieder das Gefühl haben, dass andere Menschen schöner, klüger oder Ihnen einfach überlegen sind, dann sollten Sie nicht vergessen, dass dieses persönliche Empfinden sehr trügerisch sein kann.

Ein Sprichwort sagt: „Der Glaube kann Berge versetzen." Eigentlich sollte es heißen, dass der Glaube an sich selbst Berge versetzt, also eine ausschlaggebende Rolle für den persönlichen Erfolg spielt. Es ist von sehr großer Bedeutung, an das eigene Potenzial zu glauben, mit Optimismus an die Dinge heranzugehen und das eigene Selbstbild klar zu umreißen. Die Frage ist letztendlich, ob man den Willen aufbringt, etwas nachhaltig zu verändern.

Vergessen Sie nicht, dass Sie in den meisten Momenten besser sind, als Sie selbst glauben.

- **Das Umfeld**

Alltägliche Lebenserfahrungen haben einen maßgeblichen Einfluss auf unser Selbstbewusstsein. Die intensive Auseinandersetzung mit unseren Wurzeln und unseren früheren Erfahrungen hilft uns wesentlich dabei, uns selbst besser zu verstehen. „*Warum bin ich überhaupt so, wie ich bin?*“, „*Wie bin ich so geworden, wie ich bin?*“ oder „*Welche Situationen oder welche Personen meines Umfelds haben mich stark geprägt oder tun es noch?*“.

Je mehr Antworten Sie auf solche Fragestellungen finden, desto mehr werden Sie sich Ihrer selbst bewusst. Wenn Sie gewisse Prozesse besser verstehen, so haben Sie die Wahl, ob Sie die Dinge beim Alten belassen oder doch lieber nachhaltig verändern möchten. Sind Sie zufrieden mit Ihrer momentanen Situation oder wollen Sie sich in eine andere Richtung entwickeln? Es gibt immer Möglichkeiten, an seiner Person zu arbeiten und somit ein „stärkeres Selbst“ zu erreichen.

Erfahrungen sind im Allgemeinen äußerst wertvoll für unser Leben, denn sie bringen uns persönlich weiter. Gute Erfahrungen bestärken uns, tragen zu unserem Wohlbefinden und auch zu einem immer größeren Selbstwertgefühl bei.

Schlechte Erfahrungen stimmen uns hingegen oft negativ und lassen uns eher resignieren. Doch denken Sie einmal genau nach: Was hat Sie bisher tatsächlich weitergebracht? Wodurch konnten Sie sich persönlich weiterentwickeln? Woraus konnten Sie am meisten lernen? Waren das die guten oder doch die schlechten Erlebnisse?

Mit Sicherheit bestärken uns positive Erfahrungen und signalisieren uns, dass wir auf dem richtigen Weg sind. Dennoch können wir aus den ungeliebten negativen Erfahrungen mehr lernen: Wir reifen dadurch und steigern so auch unser Selbstbewusstsein.

4. Einfluss von Gefühlen, Emotionen & Gedanken

Gefühle haben ein ungemein hohes Kraftpotenzial. Von positiven Emotionen wird man richtiggehend beflügelt, während negative einen oft in ein tiefes Loch fallen lassen.

Wenn Sie Ihre Gefühle gezielt kontrollieren möchten, dann sollten Sie sich an die Erforschung der Ursachen machen. Sehr viele Menschen vertreten die fälschliche Meinung, dass Emotionen durch äußere Lebenssituationen erzeugt werden. Sie glauben also, dass Gefühle durch bestimmte Vorkommnisse entstehen, die uns im Alltag passieren - doch das ist nicht richtig.

Gefühle entstehen in Ihnen selbst!

Es sind Ihre eigenen Gedanken, die bestimmte Emotionen erzeugen. Wie Sie über eine bestimmte Sache denken, das entscheidet auch, was Sie letztlich in diesem Zusammenhang fühlen. Mit einem positiven Mindset werden Sie auch positive Emotionen spüren. Mit einem negativen Mindset werden Sie hingegen vermehrt Negatives empfinden.

Versuchen Sie jeden Tag bewusst, Ihre eigenen Gefühle wahrzunehmen. Versuchen Sie, Ihr Leben auf eine erfüllte Art und Weise zu leben.

So viele Menschen sind in sich gekehrt und laufen mit einem melancholischen Gesichtsausdruck durch den Tag. Sie umhüllen ihre Seele mit einem Schutzpanzer, der ungewünschte Emotionen abschirmen soll. Das ist bedauerlich und mit Sicherheit kein erfülltes Leben. Versuchen Sie doch einmal aufmerksam darauf zu achten, wie viele unterschiedliche Emotionen Sie tagtäglich an sich wahrnehmen.

Schreiben Sie alle Gefühle auf, die über den Tag verteilt in Ihnen aufkommen. Höchstwahrscheinlich werden es nicht mehr als fünf oder zehn sein, denn bedauerlicherweise sind wir mittlerweile emotional stark abgestumpft. Wir haben gelernt, jeden Tag aufs Neue eine Maske aufzusetzen und uns keinerlei Emotionen anmerken zu lassen.

Sehr viele Menschen fürchten sich sogar vor ihren eigenen Gefühlen: Ist es überhaupt in Ordnung, so zu empfinden? Darf ich überhaupt solche Emotionen haben und sogar zeigen? Solche und ähnliche Fragestellungen behindern unsere innere Zufriedenheit und wirken auch nicht förderlich auf das Selbstbewusstsein.

Nehmen Sie Ihre Gefühle selbstbewusst an und schämen Sie sich nicht dafür! Wenn Ihnen das gelingt, dann werden Sie innerlich wachsen und ein immer stärkeres Selbstbewusstsein erlangen. Stehen Sie zu sich selbst, stehen Sie zu Ihren Emotionen, denn genau das macht Sie zu einem besonderen und einzigartigen Menschen!

Sie sollten Ihre Gefühle nicht nur bewusst wahrnehmen, sondern auch immer weiter daran arbeiten. Positive Empfindungen stärken zwar unser Wohlbefinden und auch das Selbstbewusstsein, doch wir Menschen besitzen das Potential, immer mehr zu lernen, an uns selbst zu arbeiten und so immer weiterzuwachsen. Emotionen können ein großartiges Hilfsmittel sein, um täglich noch mehr über uns selbst zu erfahren.

Wenn es Ihnen gelingt, sich selbst immer besser zu verstehen, dann werden Sie auch Ihre Emotionen neu bewerten und in einem anderen Licht sehen als zuvor. Und je selbstsicherer Sie werden, umso stärker wird auch Ihr Selbstbewusstsein.

• Unterdrückte Emotionen bergen ein hohes Gefahrenpotenzial!

Schon in der frühen Kindheit wird uns von Eltern und sonstigen Bezugspersonen vermittelt, welche Gefühle in Ordnung sind und welche unerwünscht.

Ist ein Kind zum Beispiel wütend oder trotzig, wird es ausgeschimpft. Weint ein Kind, so wird es in der Regel in den Arm genommen und liebevoll getröstet, damit die Tränen rasch trocknen. Mit jedem Mal wird eine bestimmte Botschaft vermittelt: Starke Emotionen sind im Grunde nicht erwünscht. Kinder beginnen daraufhin, ihre Gefühle zu unterdrücken und anstatt sie auszuleben. Dieses Verhalten wird auch im Erwachsenenalter noch beibehalten: Emotionen werden oft versteckt oder sogar in den Tiefen des eigenen Ichs vergraben. Starke Emotionen wecken Verunsicherung und manchmal sogar Angst. Kein Wunder, denn schließlich hat man den Umgang mit solchen Gefühlen nie wirklich gelernt.

Unterdrückte Gefühle sind aber nur verdrängt, nicht aufgearbeitet. Sie sind wie eine tief in uns schlummernde Bombe, die irgendwann explodieren kann. Ein Nervenzusammenbruch, Depressionen oder lautstarke Wutausbrüche sind zum Beispiel typische Folgen unterdrückter Emotionen.

• Übernehmen Sie Verantwortung für Ihr Gefühlsleben!

Machen Sie sich bewusst, dass Sie allein der Herrscher über Ihre Gefühle sind! Nicht andere Menschen aus Ihrem Umfeld bestimmen, wie Sie sich zu fühlen haben. Ihre Emotionen sind nicht von außen verursacht. Nein, vielmehr entstehen diese in Ihnen und somit haben Sie auch die volle Kontrolle.

• Nehmen Sie Ihre Emotionen achtsam wahr!

Fühlen Sie bewusst! Fokussieren Sie sich auf Ihren Körper und erspüren Sie achtsam: Wo und wann fühlen Sie etwas? Spüren Sie einen Druck in der Magengegend oder ein Rauschen im Kopf? Lenken Sie Ihre Aufmerksamkeit von außen nach innen und knüpfen Sie achtsam eine Beziehung zu sich selbst – und somit natürlich auch zu Ihren Gefühlen.

• Atmen Sie Emotionen einfach aus - für eine bessere innere Balance!

Die richtige Atemtechnik –vor allem die tiefe Bauchatmung – kann Ihnen in vielen Situationen helfen, zum Beispiel auch dann, wenn Sie Ihre Gefühle unter Kontrolle bringen möchten. Bei dieser Atemtechnik fokussieren Sie sich bewusst nur auf Ihr Inneres.

Kommen Sie in eine bequeme Position. Sie können, wenn Sie möchten, die Augen schließen. Atmen Sie für ein paar Atemzüge tief ein und wieder aus. Legen Sie gerne Ihre Hand auf den Bauch und fühlen Sie, wie er sich hebt und wieder senkt. Während Sie jetzt wieder einatmen, konzentrieren Sie sich bewusst auf Ihre Gefühle. Beim Ausatmen lassen Sie alle Emotionen los. Spüren Sie intensiv, wie Sie Ihre Gefühle freigeben und diese ausatmen. Wiederholen Sie das ein paar Mal und öffnen Sie die Augen, sobald Sie sich dafür bereit fühlen.

Diese kleine Übung können Sie zwischendurch auch tagsüber durchführen.

• Werden Sie sich Ihrer Gedanken bewusst!

Nur wenn Sie Ihre Gedanken kennen, können Sie auch klar einordnen, wo so manche starke Emotion entspringt. Fällt Ihnen vielleicht eine Situation aus Ihrem bisherigen Leben ein, in der Ihre Gedanken Sie regelrecht überrollt haben und Ihren Emotionen vorangegangen sind? Was war der Auslöser?

Ermitteln Sie ganz klar, was Sie denken, und in einem nächsten Schritt, was Sie denken möchten! Übernehmen Sie die Kontrolle über Ihr Mindset und steuern Sie auf diese Weise Ihre Gefühle in die richtige Richtung. Damit negative Gedanken in positive umgewandelt werden können, ist es zunächst ganz wichtig, sich von negativen Gedanken zu distanzieren. Sehen sie diese nicht als Tatsachen an, sondern als einfache

Gedanken. Jeder Mensch folgt dem Weg, den seine Gedanken ihm vorgeben. Die meisten sind davon überzeugt, dass sich das Leben aufgrund der Gedanken so entwickelt, wie es ist. Und das stimmt: Das Denken ist in der Lage, das ganze Leben zu beeinflussen. Der Erfolg im beruflichen oder privaten Bereich hängt oft sehr eng mit den eigenen Gedanken und der Lebenseinstellung zusammen. Ihre Denkweise hat eine gewaltige Macht über Sie und Ihr ganzes Leben.

Gute Beispiele dafür sind der Wunsch, einen Schulabschluss nachzuholen, oder der Vorsatz, sich besser zu ernähren und mehr zu bewegen. Diese Überlegungen finden zuerst in Gedanken statt. Sobald Sie es aber ernst meinen, werden Sie beginnen, Ihre Ideen und Wünsche in die Realität umzusetzen. Sie richten Ihre Gedanken also gezielt darauf aus und werden Ihre Ziele auch erreichen können. Natürlich verändern sich im Laufe des Lebens immer wieder Situationen, die eigentlich anders geplant waren. In diesen Momenten müssen Sie Ihre Gedanken neu auszurichten oder vielleicht sogar in eine ganz andere Richtung lenken. Durch diese verschiedenen Lebensumstände eröffnen sich Ihnen ganz neue Möglichkeiten, an die Sie vorher vermutlich nicht gedacht haben.

Erfolg – egal in welchem Bereich Ihres Lebens – beginnt immer mit einem Gedanken! Ganz genauso verhält es sich mit dem Versagen: Wenn Sie davon überzeugt sind, etwas garantiert nicht erreichen zu können, dann werden Sie es aller Wahrscheinlichkeit nach auch nicht schaffen. Das, was Sie denken, hat einen unglaublich großen Einfluss auf Ihr Leben.

Übung

Nehmen Sie sich einen Augenblick Zeit und blicken zurück:
Notieren Sie die Momente in Ihrem bisherigen Leben, in denen Sie Erfolg hatten und Ihnen Dinge richtig gut gelungen sind. Schreiben Sie aber auch die Augenblicke des Misserfolgs und des Scheiterns auf.

Fragen Sie sich, welche Gedanken zum jeweiligen Zeitpunkt in Ihrem Kopf vorherrschend waren. Welche Gedanken haben Ihr Mindset bestimmt, bevor und auch während Sie große Fehler in Ihrem Leben begangen haben? Können Sie nun erkennen, wie Ihr Denken im Verlauf Ihres Lebens für oder gegen Sie gearbeitet hat?

In vielen Lebenssituationen haben wir Erfolg, weil uns andere Leute ermutigen und wir so lange über ihre motivierenden Worte nachsinnen, bis wir sie schließlich selbst verinnerlichen und daran glauben. Bestimmt hat auch zu Ihnen schon einmal jemand gesagt: „Das schaffst du locker!" Dann wissen Sie, wie viel Zuversicht diese Worte spenden und wie inspirierend sie wirken können: Sie verwandeln sich in Ihren Gedanken zur Botschaft „Ja, ich schaffe das!" und auf dieser Grundlage erreichen Sie schließlich auch Ihr Ziel. Völlig egal, ob es um einen sportlichen Wettkampf, um eine gute Note in der Abschlussarbeit, um ein Bewerbungsgespräch oder eine Gewichtsreduktion geht: Mit den richtigen, positiven Gedanken im Kopf stellen Sie die Weichen für Ihren Erfolg!

Sie sehen also, wie wichtig Ihre Gedanken sind. Sobald Sie sich vornehmen, etwas zu erreichen und fest daran glauben, dann wird es Ihnen auch gelingen – trotz aller potentiellen Schwierigkeiten und Hindernisse!

Dasselbe gilt jedoch auch, wenn wir negativ denken und schließlich überzeugt davon sind, nichts zu schaffen oder in einer Sache nichts ausrichten zu können: In diesen Fällen scheitern wir im Allgemeinen auch. Entmutigende Worte aus dem Mund unserer Mitmenschen sowie eigene negative Gedanken, wie zum Beispiel „Ich bin dafür ohnehin nicht klug genug!", werden zu sogenannten „sich selbsterfüllenden Prophezeiungen". Sie verwurzeln sich tief in unserem Denken und üben einen entscheidenden Einfluss auf unsere weiteren Entscheidungsprozesse aus. Denn wir Menschen folgen dem Weg, den unsere Gedanken uns vorgeben. Aus diesem Grund ist es umso wichtiger, positiv zu denken.

Unsere Art zu denken ist viel mächtiger, als uns oftmals bewusst ist, und unsere Gedanken haben sowohl negative als auch positive Auswirkungen auf sämtliche Aspekte unseres Daseins. Wenn wir über etwas nachsinnen und es für wahr halten, dann reagieren und handeln wir auch entsprechend.

So lässt sich sagen, dass unsere Gedanken unser Selbstbild, Beziehungen zu anderen Menschen, unsere physische und psychische Gesundheit, berufliche sowie private Produktivität und unsere Fähigkeit, das Leben zu genießen, maßgeblich beeinflussen.

Ihre Gedanken können eine Schatzkammer oder auch ein Schrottplatz sein: Sie haben die Wahl! Sie alleine entscheiden, ob Sie negative und minderwertige Gedanken hegen oder positive und fröhliche. Ihr Denken kann Sie in ihrem Lebensalltag motivieren und voranbringen. Wenn Sie also Ihr Leben und Ihre Persönlichkeit maßgeblich verändern möchten, dann ist der erste Schritt, Ihre Denkweise zu verändern. Vergiften Sie Ihr Leben nicht mit falschen Glaubenssätzen!

Genau mit diesen Hintergründen befasst sich auch das Konzept des positiven Denkens. Das Ziel ist, eine wohlwollende Lebenseinstellung und mehr Positivität im Alltag zu erschaffen.

• Hören Sie Ihren eigenen Gedanken aufmerksam zu!

Wie sprechen Sie innerlich mit sich selbst? Ist der Grundton eher positiv oder negativ? Verurteilen Sie sich nicht, falls Sie einen negativen Ton entdecken. Akzeptieren Sie es einfach und lenken Sie den inneren Dialog bewusst in eine positive Richtung. Es kann manchmal durchaus schon eine Herausforderung sein, sich im stressigen Alltag ganz gezielt auf die inneren Selbstgespräche zu fokussieren.

• Werden Sie Ihr bester Freund!

Wie würden Sie mit Ihrem besten Freund sprechen? Würden Sie ihn in einer schweren Lebenssituation noch weiter herunterziehen, ihm Vorwürfe machen oder ihn entmutigen? Wohl kaum! Sie würden Ihrem Freund bestimmt gut zureden, ihm respektvoll, fürsorglich und liebevoll begegnen.

Also, warum sollten Sie nicht in der gleichen Weise mit sich selbst umgehen? Seien Sie nett und ermutigend zu sich selbst und Sie werden sehen, dass Ihnen nicht nur negative Dinge an sich auffallen, sondern auch die guten Facetten. Und das nährt Ihr Selbstbewusstsein – Tag für Tag!

• Gestalten Sie aktiv Ihren positiven inneren Dialog!

Das klappt natürlich nicht von heute auf morgen. Negative Gedanken können hartnäckig sein und sich wieder und wieder einschleichen. Entschließen Sie sich im ersten Schritt einfach dazu, nicht alles Negative zu glauben, was Ihnen durch den Kopf schießt, sondern es erst zu hinterfragen. Auch positive Affirmationen sind sehr hilfreich und wertvoll!

Nur weil etwas in unseren Gedanken ist, ist es noch lange nicht real und wahr. Wir können zum Beispiel davon überzeugt sein, dass uns jemand absichtlich den Parkplatz weggeschnappt hat, doch möglicherweise war derjenige nicht ganz bei der Sache und hat uns gar nicht bewusst wahrgenommen.

Was wir also in unserem Kopf haben, muss nicht zwangsläufig den Tatsachen entsprechen. Und dennoch erleben wir unsere Gedanken als greifbare Wirklichkeit. Wir denken, dass wir versagt haben, vieles nicht können oder faul sind. Wir beginnen, diese Unwahrheiten zu verinnerlichen, weil wir unseren Gedanken glauben. Darum sind manche Menschen fest davon überzeugt, zu dick, zu dumm, zu unattraktiv oder einfach nicht gut genug für diese Welt zu sein. Wir können glauben, dass wir nicht liebenswert sind und es nicht verdient haben, glücklich zu sein. Wir können an unserem eigenen Wert zweifeln und nichts Gutes im Leben mehr erwarten. Ist das nicht eine schreckliche Vorstellung? Und es ist absolut keine Basis für ein gesundes und starkes Selbstbewusstsein.

Unser Denken hat weitreichende Konsequenzen. Es gibt kaum etwas Mächtigeres als unsere Gedanken. Wenn wir nur intensiv genug an etwas glauben, dann kann das Unmögliche wahr werden. Ich möchte Ihnen noch mal die bereits zitierte Weisheit „Der Glaube (an sich) kann Berge versetzen!“ ans Herz legen. Alles, was wir bis heute erreicht haben, ist zuallererst in unseren Gedanken entstanden und gewachsen. Alles, was heute ist, existiert nur deshalb, weil irgendjemand fest daran geglaubt hat, dass es möglich ist.

Rein theoretisch haben wir die Möglichkeit, in jeder Situation jeden potenziellen Gedanken zu denken. Doch praktisch betrachtet greifen wir stets auf Bekanntes zurück. Aussagen, die wir immer wieder zu hören bekommen, prägen sich uns ein. Wir verinnerlichen sie als feste Wahrheiten und gehen fortan mit diesen Überzeugungen durchs Leben.

5. Die Macht der Körpersprache

Das Auftreten einer Person entscheidet maßgeblich, ob sie von anderen ernst genommen wird und Sympathie erweckt oder nicht. Sie können und müssen nicht „Everybody´s Darling“ sein, aber für Ihren persönlichen wie beruflichen Erfolg ist es von Vorteil, wenn Sie selbstbewusst auftreten.

Das wollen wir doch alle, nicht wahr? Ein selbstsicheres Auftreten ist sexy, sympathisch und erfolgreich. Wichtig ist, dass Sie sich dabei nicht verstellen, sondern ganz Sie selbst bleiben.

Zur Körpersprache gehört zum einen die Mimik und zum anderen die Gestik. Der Gesichtsausdruck eines Menschen ist ein zentraler Bestandteil der Kommunikation, denn über diesen gibt ein Mensch nonverbal bereits ungemein viel preis. Die Bewegungen der mimischen Muskulatur, aber auch unsere Körperhaltung, unterstützen die verbale Kommunikation. Beispielsweise befinden sich um die Augen herum zahlreiche feinste Muskelgruppen, die mimische Bewegungen erzeugen. Einige davon laufen ganz automatisch ab, ohne dass wir sie bewusst steuern oder kontrollieren können. Genau aus diesem Grund fällt es auch oft so schwer, seine wahren Empfindungen und Gedanken vor anderen Menschen zu verbergen.

Speziell ausgebildete und geübte Menschen können anhand der Körpersprache einer Person schon sehr viel über diese erfahren. Indem sie „zwischen den Zeilen lesen“, finden sie beispielsweise schnell heraus, ob jemand die Wahrheit sagt oder nicht.

Die richtige Körperhaltung und die Mimik spiegeln ein gutes Selbstvertrauen nach außen hin. Man kann dadurch aber auch in seinem Inneren viel verändern: Ein Lachen im Gesicht steigert nachweislich die eigene Stimmung und eine aufrechte Körperhaltung fördert das Selbstbewusstsein. Gleichzeitig sorgt ein Lächeln dafür, dass uns andere Menschen für freundlich, aufgeschlossen und sympathisch halten. Das erleichtert natürlich auch ein selbstbewusstes Auftreten. Probieren Sie es doch einfach mal aus!

Im Kommunikationsprozess mit anderen Menschen spielt aber nicht nur die Mimik eine sehr wichtige Rolle, sondern auch die Gestik, also die Art und Weise in der die Hände, die Arme und die Schultern in die Kommunikation miteinbezogen werden. Die Bewegungen unserer Hände sind zum Beispiel sehr eng mit den eigenen Gefühlen, aber auch mit den Gedanken verbunden. Wenn die Hände eines Gesprächspartners gut sichtbar sind, dann vermittelt das ein Gefühl der Ehrlichkeit und der Offenheit. Sind die Hände nicht sichtbar – weil sie etwa in den Hosentaschen stecken – dann wirkt das im Gespräch eher negativ.

Für eine gelungene und selbstbewusste Kommunikation sollten auch sogenannte Hand-Hals-Gesten vermieden werden: Hiermit sind alle Bewegungen der Hände gemeint, die in Richtung Gesicht, Hals oder Nase gehen. Solche Bewegungen wirken auf den Gesprächspartner fast immer negativ. Wandern die Hände in einem Gespräch etwa in Richtung Hals, so vermittelt das ein Gefühl der Angst und des Unwohlseins. Berührt man während des Gesprächs mit den Fingern seine Nase, so bedeutet dies, dass man die Unwahrheit sagt oder zumindest ein wenig schummelt. Spielt man mit seinen Haaren oder streicht sie immer wieder aus dem Gesicht, spiegelt dies Verlegenheit und innere Unruhe wider. Wenn Sie selbstbewusst und sicher vor anderen Mitmenschen auftreten möchten, dann sollten Sie solche Gesten lieber vermeiden.

Ebenfalls kontraproduktiv ist es, im Rahmen eines Gespräches die Hände in die Hüften zu stemmen. Das wirkt überheblich und arrogant auf Ihren Gesprächspartner und drückt eigentlich aus, dass Sie sich klein und unsicher fühlen.

Es gibt immer wieder Situationen im Alltag, in denen eine selbstbewusste Kommunikation dabei hilft, das angestrebte Ziel zu erreichen, beispielsweise bei Vertragsverhandlungen. Achten Sie daher besonders auf Ihre mimischen Bewegungen und Ihre Körperhaltung, aber auch auf Ihre Gestik. Erzeugen Sie bei Ihrem Gegenüber die richtigen Emotionen, indem Sie ihn direkt und offen anschauen und eine aufrechte Haltung einnehmen. Verstecken Sie die Hände nicht und ballen Sie diese auch nicht zu Fäusten. Achten Sie darauf, die Handflächen nicht permanent nach oben und geöffnet zu halten: Das spiegelt eher Ratlosigkeit und ein Gefühl des Bedauerns.

Vermeiden Sie es, mit vor dem Körper verschränkten Armen ein Gespräch zu führen: Damit vermitteln Sie Ihrem Gesprächspartner Distanz und Ablehnung. Eine solche Körperhaltung baut eine Mauer zwischen Ihnen und Ihrem Gegenüber auf und wirkt ziemlich negativ. Eine selbstbewusste Haltung ist vielmehr offen und entspannt.

Zur Körpersprache gehören auch gegenseitige Berührungen, die vor allem im Rahmen vertrauter Gespräche stattfinden können. Dazu gehört zum Beispiel auch das Händeschütteln oder ein wohlwollendes Schulterklopfen. Richtig angewendet setzt man damit immer ein sehr positives Signal. Andere körperliche Berührungen sind speziell bei fremden Menschen mit größter Vorsicht zu genießen! Wenn überhaupt, sollten solche Gesten erst im Verlauf des Gesprächs eingesetzt werden. Auch zwischen den beiden Geschlechtern sollte vorsichtig mit Berührungen umgegangen werden.

Zur Körpersprache gehören aber nicht nur die Hände und Arme, sondern auch die Schultern. Nach vorne geneigte oder nach oben gezogene Schultern symbolisieren ein Gefühl der Anspannung und des Unwohlseins. Versuchen Sie, locker zu bleiben! Achten Sie auf Ihre Körperhaltung auch im Sitzen! Versuchen Sie nicht einzusacken, denn das lässt

Sie klein und unsicher wirken. Ein selbstbewusstes Auftreten können Sie sowohl im Sitzen wie auch im Stehen erreichen. Für welche Variante Sie sich auch immer entscheiden: Achten Sie bitte darauf, dass es natürlich und nicht verkrampft oder übertrieben wirkt!

5.1 AUSSTRAHLUNG – DAS A UND O IN PUNCTO SELBSTBEWUSSTE KOMMUNIKATION

Ausstrahlung ist ein zentrales Stichwort, wenn es um mehr Selbstbewusstsein geht. Zwischen schüchternen Menschen und selbstbewussten Persönlichkeiten kann man deutliche Unterschiede beobachten.

Schauen Sie einmal in den Spiegel: Wie wirken Sie auf sich selbst? Möchten Sie gerne etwas an Ihrem äußeren Erscheinungsbild verändern? Trauen Sie sich ruhig, einen neuen Kleidungsstil auszuprobieren. Oder wie wäre es mit einer flotten Frisur?

Menschen mit einem starken Selbstbewusstsein stehen auch zu Ihrer Silhouette –selbst dann, wenn sie keine Modelmaße haben. Indem sie die eigenen Stärken und Vorzüge gekonnt betonen, gelingt es ihnen, selbstsicher aufzutreten.

Vergessen Sie nicht: Sie können verbal und auch nonverbal kommunizieren – das heißt über Worte und auch über nichtsprachliche Kommunikationssignale wie Körperhaltung, Gestik und Mimik. Doch auch der Blickkontakt und das äußere Erscheinungsbild gehören zur nonverbalen Kommunikation.

5.2 VOR MENSCHEN SPRECHEN

Im Alltag und vor allem auch im Job muss man immer wieder vor einem größeren Publikum sprechen. Ganz egal ob ein Schulreferat, eine Präsentation im Uni-Seminar, eine Hochzeitsrede für die beste Freundin oder ein Vortrag vor der Geschäftsleitung – in allen Situationen ist Selbstbewusstsein gefragt. Setzen Sie auf Ihre rhetorischen und kommunikativen Fähigkeiten. Wenn es Ihnen gelingt, die Zuhörer in den Bann zu ziehen und für Ihre Inhalte zu begeistern, haben Sie alles richtig gemacht.

Damit Ihnen genau das gelingt, sollten Sie Ihren Fokus auf die folgenden drei Pfeiler richten:

A) Welches Resultat streben Sie an?

Was möchten Sie mit Ihrem Vortrag oder Ihrer Rede erreichen? Was soll das Publikum denken, wenn Sie fertig sind? Versuchen Sie die Quintessenz, Ihre Grundabsicht, prägnant in einem Satz zusammenzufassen.

Um dieses Ziel herum werden nun alle wichtigen Inhaltspunkte und Argumentationen aufgebaut und gewichtet. Je genauer Sie Ihre Absicht definieren können, umso passender können Sie die Informationen auswählen, die Sie präsentieren wollen.

B) Be a Winner!

Gewinnen Sie Ihr Publikum für sich! Versetzen Sie sich dafür in die Rolle des Zuhörers. Vielleicht ist der ein oder andere nicht so vertraut mit dem Thema und wünscht sich an so mancher Stelle etwas mehr Hintergrundinformationen. Versuchen Sie, Ihrem Publikum immer freundlich, sympathisch und wohlwollend zu begegnen. Wenn Sie eine kontroverse Diskussion führen, sollten Sie unbedingt ausreichend Verständnis für den Standpunkt Ihres Gesprächspartners aufbringen. Führen Sie Ihre Argumente in Ruhe an und respektieren Sie dabei die Meinung Ihres Gegenübers.

Braucht es in Ihrer Rede Statistiken, Grafiken oder Zahlen zur Verdeutlichung des gesprochenen Wortes? Menschen sind am empfänglichsten, wenn sie über mehrere Kanäle angesprochen werden. Lockern Sie durch erklärende Bilder, kleine Videos oder Ähnliches Ihre Vorträge auf. Wenn Sie solche Dinge ausreichend mitberücksichtigen, gewinnen Sie Ihre Zuhörer spielend leicht für sich!

C) Wecken Sie Emotionen!

Ganz egal ob Ihre Rede zehn Minuten, eine halbe Stunde oder länger dauert: Gefühle sind das um und auf! Sprechen Sie Ihre Zuhörer vom ersten Moment auf der emotionalen Ebene an, denn nur so können Sie diese für die komplette Zeit begeistern und mitreißen. Haben Sie einen roten Faden? Dann versuchen Sie die Punkte fesselnd und spannend zu vermitteln und nicht abzuschweifen!

6. Die unterschätzte Rolle der Stimme

Die Stimme wird meist unterschätzt, wenn es darum geht, wie wir von anderen wahrgenommen werden. Oft ist es wichtiger, WIE wir etwas sagen, als WAS wir eigentlich sagen.

Aus diesem Grund ist es sinnvoll, sich neben der Körpersprache speziell mit Ihrer Stimme zu beschäftigen und diese zu trainieren. Vom Klang der Stimme kann man sehr viel ablesen, etwa wie sich ein Mensch gerade fühlt.

Auch Charaktereigenschaften werden automatisch mit bestimmten Stimmmustern verbunden. Wenn Sie also selbstbewusster auftreten und erfolgreicher werden wollen, schenken Sie Ihrer Stimme mehr Aufmerksamkeit!

Die Stimme ist auch ein Sympathiefaktor. Wenn Sie darauf achten, WIE Sie etwas sagen und das Gesprochene richtig betonen, werden Sie von Ihren Zuhörern automatisch als sympathischer und erfolgreich wahrgenommen.

Hier ein paar Beispiele, wie verschiedene Stimmmuster wirken:

- Wenn Sie nicht flüssig sprechen und stocken, werden Sie Ihre Zuhörer damit verwirren oder an Ihren Worten zweifeln lassen.

- Sprechen Sie deutlich, bekommen Sie automatisch viel mehr Aufmerksamkeit.
- Wenn Sie Ihre Worte übertrieben oder künstlich betonen, wird man Ihnen meist nicht glauben.
- Sprechen Sie natürlich melodisch, macht es Sie interessant und Ihr Publikum wird Ihren Worten aufmerksamer lauschen.
- Wenn Sie einen scharfen Ton anschlagen, nimmt man Sie als aggressiv wahr.
- Sprechen Sie in einem wohlwollenden und angenehmen Tonfall, wirken Sie sympathischer.

Hier ein paar Beispiele, welche Emotionen sich von der Stimme ableiten lassen:

- Eine kraftlose Stimme und undeutlich gesprochene Worte stehen für Erschöpfung oder Traurigkeit.
- Power in der Stimme steht für Kraft, Freude und Zuversicht.
- Ist Ihre Stimme monoton, wirken Sie gelangweilt oder frustriert.
- Sprechen Sie hingegen melodisch, also betonen Sie Ihre Worte auf eine natürliche Weise, klingen Sie konzentriert und gut gelaunt.
- Klingt Ihre Stimme dünn, deutet das auf Stress oder Nervosität hin.
- Sprechen Sie mit voller Stimme, wirken Sie ruhig und konzentriert.

6.1 MIT DIESEN TIPPS WIRKEN SIE DANK DER MACHT IHRER STIMME SELBSTBEWUSSTER:

Aufrechte Körperhaltung

Ihre Stimme klingt kraftvoller und positiver, wenn Sie eine aufrechte Körperhaltung einnehmen. Achten Sie darauf, vor allem wenn Sie vor anderen sprechen oder wichtige Vorträge halten. Das liegt übrigens daran, weil das Zwerchfell in gekrümmter Position nicht viel Platz hat.

Bauchatmung ist angesagt

Atmen Sie tief und in den Bauch hinein. So klingt Ihre Stimme lebendiger und hat viel mehr Power. Außerdem ist es wichtig, dass Sie durch die Nase atmen und nicht durch den Mund. Denn die Nase erwärmt zum einen die Luft, die Sie einatmen, und zum anderen filtert Sie Schmutz und Staub. Das schont Ihre Stimmbänder.

Variationen in der Stimme

Sehr wichtig: Variieren Sie ihre Stimme passend zum Inhalt des Gesagten. Wenn Sie ein Geheimnis verraten, sprechen Sie leiser. Wenn Sie etwas Motivierendes sagen, sprechen Sie lauter. Achten Sie unbedingt auf Ihre Sprachmelodie, denn nichts ist langweiliger, als einer monotonen Stimme zuzuhören.

Pausen gezielt einsetzen

Reden Sie nicht in einem einzigen Fluss. Machen Sie mal kürzere, mal längere Pausen zwischen einzelnen Wörtern oder Sätzen, natürlich passend zum Inhalt. Geben Sie Ihren Zuhörern dank Ihrer Unterbrechungen Zeit, das Gesagte aufzunehmen und zu verinnerlichen. Sie können auch Spannung erzeugen, indem Sie Pausen einsetzen.

Deutlich sprechen

Reden Sie deutlich, sprechen Sie die Worte sehr genau aus. So sorgen Sie dafür, dass man Sie gut verstehen kann und für die Zuhörer ist es angenehmer.

Kein unnötiges Fachvokabular

Versuchen Sie nicht, mit Fachsprache zu glänzen. Es kann Sie unsympathisch machen, wenn Sie mit Fremdwörtern jonglieren und Ihre Zuhörer Sie so überhaupt nicht verstehen können. Benutzen Sie Fremdwörter nur, wo es nötig oder üblich ist. Wenn Sie auf einer Ärztekonferenz sprechen, werden Sie natürlich zu medizinischem Fachvokabular greifen. Ein medizinischer Vortrag vor Laien sollte allerdings so formuliert werden, dass auch Nichtmediziner verstehen, wovon Sie reden. Passen Sie Ihr Vokabular stets Ihrem Umfeld an.

Benutzen Sie Ihren ganzen Körper

Wenn Sie etwas sagen, dann lassen Sie Ihre Mimik, Gestik und Körpersprache mitreden. Unterstreichen Sie so das Gesagte, das macht Sie sympathisch.

Setzen Sie sich durch

Wussten Sie, dass man männlichen Führungskräften mit tiefer Stimme insgesamt mehr zutraut? Eine Studie hat ergeben, dass man diese als bessere Leader identifiziert, auch wenn es in vielen Fällen gar nicht der Realität entspricht. Das heißt nun nicht, dass Sie künftig so tief wie möglich sprechen sollen, sondern ist nur ein Beispiel dafür, dass unsere Stimme einen großen Einfluss auf unseren Erfolg hat. Wenn Sie etwas Bestimmtes durchsetzen wollen, achten Sie darauf, dass Ihre Stimme nicht dünn oder piepsig klingt. Reden Sie ruhig und in einer Tonlage, die für Sie angenehm ist. Wir sprechen oft zu hoch und zu schnell, was auch an der falschen Atmung liegt. Darum beachten Sie: tief atmen, langsam sprechen und dabei entspannt bleiben. Sagen Sie klar, was Sie wollen!

Lächeln

Das ist so einfach, wie es sich anhört. Lächeln Sie, so wirken Sie sympathischer und bekommen leichter das, was Sie wollen. Notfalls „zwingen" Sie sich dazu. Ein leichtes Lächeln reicht dabei völlig. Ihre Stimme klingt gleich ganz anders, wenn Sie ein Lächeln auf den Lippen tragen!

Sich selbst auf Tonband aufnehmen

Sprechen Sie und nehmen sich selbst dabei auf. Hören Sie die Aufnahme hinterher ganz genau an. Dazu brauchen Sie kein Tonband kaufen, fast jedes Smartphone hat heutzutage eine Aufnahmefunktion. Vielleicht ist es anfangs seltsam, sich selbst zuzuhören. Aber glauben Sie mir: Sie klingen gar nicht so „komisch", wie Sie vielleicht denken. Man gewöhnt sich mit der Zeit an den Klang der eigenen Stimme. Analysieren Sie genau, wie Ihre Worte wirken, wie Sie sprechen und wie Ihre Sprachmelodie klingt.

Üben

Wichtig ist, das Sprechen zu üben, anfangs am besten alleine, ohne Zuhörer. Nehmen Sie sich, wie bereits erwähnt, selbst dabei auf. Immer wieder und wieder. Hören Sie es sich an, verbessern Sie sich selbst. Ziehen Sie auch mal gute Bekannte zu Rate und fragen diese, wie sie Ihre Aufnahme interpretieren und was sie dabei empfinden. Übung macht den Meister! Wirklich jeder kann lernen, tolle Reden zu halten. Egal ob privat oder beruflich, Sie werden schnell Fortschritte bemerken, wenn Sie erstmal etwas Übung hinter sich haben. Menschen werden es lieben, Ihnen zuzuhören, und außerdem werden Sie viel eher Ihre Ziele erreichen, wenn Sie die Macht Ihrer Stimme einsetzen.

6.2 MIT DIESEN EINFACHEN TIPPS TRAINIEREN SIE IHRE STIMME:

Summen Sie

Sie können ein „Mhhh" summen, um Ihre Stimmbänder warm zu machen. Wenn Sie möchten, können Sie diese Übung erweitern, indem Sie Ihre Lieblingslieder oder Melodien mitsummen.

Trinken Sie

Achten Sie darauf, dass Sie genügend Wasser trinken. Das lässt Ihre Stimme geschmeidiger klingen.

Vermeiden Sie ungünstige Lebensmittel

Es gibt Lebensmittel, die Ihre Stimmbänder austrocknen oder einen Belag auf ihnen bilden und so Ihrer Sprechstimme den Glanz nehmen. Wenn Sie wichtige Reden halten, meiden Sie am selben Tag folgende Lebensmittel:

– Milchprodukte
– sehr heiße und auch sehr kalte Speisen/Getränke
– Kaffee oder schwarzen Tee

Wärmen Sie Ihre Stimme jeden Morgen auf

Frühmorgens klingt die Stimme oft noch nicht so gut. Das ist ganz normal, denn bevor sie nach einer langen Pause wieder zum Einsatz kommt, muss sie erstmal aufgewärmt werden. Auch Sänger befolgen diesen Tipp. Sie wärmen sich systematisch vor Gesangseinlagen und Konzerten auf. Sie können frühmorgens zu summen beginnen und gurgeln. Wenn Sie möchten, singen Sie unter der Dusche Ihre Lieblingslieder. Singen sollten Sie allerdings erst, wenn Ihre Stimme schon aufgewärmt ist.

7. Selbsttests

Hier erwarten Sie Selbsttests zum Selbstbewusstsein, zur Selbstliebe, Selbstachtung und zum Selbstwertgefühl.

Die Tests dienen einer ungefähren Einschätzung Ihrer aktuellen Situation beziehungsweise Ihres aktuellen Befindens, sie sind nicht vergleichbar mit wissenschaftlichen, psychologischen Tests, die ein Arzt durchführt.

Stattdessen sollen Sie Ihnen helfen, sich selbst zu reflektieren.

7.1 WIE SELBSTBEWUSST SIND SIE?

Sie können den nachfolgenden Test als grobe Orientierung dafür verwenden, wie stark ausgeprägt Ihr Selbstbewusstsein ist.

Beantworten Sie die Fragen möglichst spontan und überlegen nicht zu lange. Zum Schluss können Sie dann mithilfe der Auswertung eine erste Einschätzung treffen, in welchen Bereichen bei Ihnen persönlich unter Umständen noch Ausbaubedarf besteht.

Kreuzen Sie die für Sie zutreffende Antwort an.

1. Wenn ich auf einer Feier bin, wo ich nur den Gastgeber kenne, warte ich, bis ich den anderen Gästen vorgestellt werde oder mich jemand von sich aus anspricht.

☐ Ja

☐ Nein

2. In einer Diskussion vermeide ich es, meine Meinung zu äußern und zu verteidigen, wenn sie von der des anderen abweicht.

☐ Ja

☐ Nein

3. Ich gehe ungern auf fremde Personen zu, es fällt mir schwer, diese anzusprechen.

☐ Ja

☐ Nein

4. In Gegenwart von Vorgesetzten fühle ich mich eingeschüchtert und unsicher.

☐ Ja

☐ Nein

5. Ich bleibe gerne innerhalb meiner Komfortzone, weil ich da alles schon kenne. Neue, mir unbekannte Situationen versuche ich, so gut es geht zu vermeiden.

☐ Ja

☐ Nein

6. Wenn andere über mich sprechen, ist mir nicht wohl dabei.

☐ Ja

☐ Nein

7. In Gruppen fühle ich mich unwohl und habe meist das Gefühl nichts zum Gespräch beitragen zu können

☐ Ja

☐ Nein

8. In Gesprächen gleiten meine Blicke oft zu Boden oder in eine andere Richtung, weil es mir unangenehm ist, meinem Gesprächspartner in die Augen zu blicken.

☐ Ja

☐ Nein

9. Harmonie ist mir äußerst wichtig, daher versuche ich alles, um Streit zu vermeiden.

☐ Ja

☐ Nein

10. Ich bin häufig mit mir selbst, meinem Leben und meinem Körper unzufrieden.

☐ Ja

☐ Nein

11. Ich mache mir immer wieder Gedanken darüber, was andere von mir denken.

☐ Ja

☐ Nein

12. Ich glaube, dass andere mehr Talente und Fähigkeiten haben als ich.

☐ Ja

☐ Nein

13. Ich vergleiche mich oft mit Menschen aus meinem Umfeld oder Personen, die ich aus dem Fernsehen oder Internet kenne

☐ Ja

☐ Nein

14. Ich fühle mich häufig als Opfer der Umstände in meinem Leben.

☐ Ja

☐ Nein

15. Ich bin oft unzufrieden mit meiner Lebenssituation und mit dem, was ich bis jetzt erreicht habe.

☐ Ja

☐ Nein

16. Ich versuche stets, perfekt zu sein. Schwächen will ich mir nur ungern eingestehen.

☐ Ja

☐ Nein

17. Ich schenke mir selbst und meinen Bedürfnissen meist zu wenig Aufmerksamkeit.

☐ Ja

☐ Nein

18. Es ist mir unangenehm, anderen meine Wünsche und Emotionen mitzuteilen.

☐ Ja

☐ Nein

19. Wenn mich Personen aus meinem Umfeld um etwas bitten, bin ich stets hilfsbereit. Ich schaffe es einfach nicht, auch mal „Nein" zu sagen.

☐ Ja

☐ Nein

20. Lob und Komplimente machen mich verlegen.
☐ Ja
☐ Nein

21. Ich entschuldige mich häufig, auch wenn die Schuld gar nicht bei mir liegt.
☐ Ja
☐ Nein

22. Wenn ich eine Präsentation oder einen Vortrag vor anderen Menschen halten muss, macht mich der Gedanke daran schon Tage oder Wochen zuvor nervös und lässt mich kaum mehr schlafen.
☐ Ja
☐ Nein

Auswertung:

Sie haben weniger als 10 Fragen mit „Ja" beantwortet:
Glückwunsch, Sie sind auf einem guten Weg. Sie verfügen über ein solides Selbstbewusstsein und genau das ist in der heutigen Zeit unerlässlich. Sie stehen zu Ihren Ecken und Kanten – schließlich ist niemand perfekt. Gespräche, ob mit Freunden oder Fremden, werden für Sie zu keiner Herausforderung oder Stressquelle.

Machen Sie weiter so und bauen Sie Ihr Selbstbewusstsein immer weiter aus. Lassen Sie sich auf Ihrem Weg keinesfalls verunsichern, denn es geht nicht darum, überheblich oder egoistisch zu sein, sondern sich die eigenen Stärken und Fähigkeiten bewusst zu machen und sie zu nutzen.

Sie haben 10 Fragen oder mehr mit „Ja" beantwortet:
Ihr Selbstbewusstsein kann noch ausgebaut werden. Machen Sie sich keine Sorgen, Sie können immer weiter an Ihrem Selbstbewusstsein und

an sich selbst arbeiten. Wichtig ist, dass Sie lernen, eine gute und realistische Einschätzung von sich selbst zu bekommen.

Sie sind ein wertvoller Mensch und Sie haben es verdient, glücklich zu sein!

Sie brauchen sich vor anderen Menschen nicht zu schämen oder schlecht zu fühlen. Sie dürfen ruhig Ihre eigene Meinung vertreten und es ist absolut nicht schlimm, auch mal zwischenmenschliche Auseinandersetzungen zu haben. Gerade im Alltag ist es wichtig, selbstbewusst durchs Leben zu gehen. Das hat nicht nur auf Sie selbst, sondern auch auf Ihre Mitmenschen eine positive Wirkung. Fragen Sie ruhig auch mal Freunde und Bekannte, wie diese Sie als Person wahrnehmen. Sie werden sehen, dass Sie von sich selbst ein viel zu schlechtes Bild haben.

Dieses Buch wird Sie dabei unterstützen, Ihr Mindset positiv zu verändern, Ihr Selbstbild danach auszulegen und so zu mehr Selbstbewusstsein zu gelangen.

7.2 WIE AUSGEPRÄGT IST IHRE SELBSTLIEBE?

Sie finden im Folgenden drei weitere Selbsttest, um für sich feststellen zu können, in welcher Art und Weise Sie sich selbst bewerten, schätzen und achten. Ich setze voraus, dass Sie auf die Fragen ehrlich antworten. Sie tun dies ganz allein für sich, kein anderer muss die Ergebnisse der Tests je erfahren. Für Sie kann der Einblick in Ihre eigenen Gedanken jedoch sehr aufschlussreich sein.

Es erwarten Sie nun unterschiedliche Aussagen. Ich bitte Sie, auf Ihr Bauchgefühl zu hören und nicht zu lange über Ihre Antwort nachzudenken. Es gibt kein Richtig und kein Falsch. Sie sollen für sich entscheiden, welche Aussagen für Sie absolut zutreffend sind (das wäre eine 10) und welchen Aussagen Sie auf keinen Fall zustimmen würden (das wäre eine 1). Dazu kreuzen Sie auf der Skala von 1 bis 10 nun die für Sie treffendste Antwort an. Für die Auswertung zählen Sie bitte am Ende des Tests alle von Ihnen angekreuzten Zahlen zusammen.

Eventuell rufen manche der folgenden Aussagen negative Emotionen in Ihnen hervor oder sorgen dafür, dass Sie sich unwohl fühlen. Markieren Sie sich bitte diese Aussagen, damit Sie im Nachhinein mit Hilfe dieses Buchs die Ursachen Ihrer Gefühle ans Licht bringen können. Wenn Sie die Tests nach dem Lesen dieses Buchs und der Umsetzung unserer Übungen innerhalb Ihres Alltags nach einer gewissen Zeit wiederholen, um Ihre persönliche Entwicklung beobachten zu können, werden Sie positiv überrascht sein.

1) Ich liebe meinen Körper wie er ist.
□ 1 □ 2 □ 3 □ 4 □ 5 □ 6 □ 7 □ 8 □ 9 □ 10
überhaupt nicht zutreffend absolut zutreffend

2) Ein Blick in den Spiegel löst bei mir Zufriedenheit aus. Ich möchte nichts an meinem Körper verändern.
□ 1 □ 2 □ 3 □ 4 □ 5 □ 6 □ 7 □ 8 □ 9 □ 10
überhaupt nicht zutreffend absolut zutreffend

3) Ich empfinde mich selbst als wertvoll und schätze mich sehr.
□ 1 □ 2 □ 3 □ 4 □ 5 □ 6 □ 7 □ 8 □ 9 □ 10
überhaupt nicht zutreffend absolut zutreffend

4) Für alles, was ich bisher erleben durfte und erreichen konnte, bin ich zutiefst dankbar.
□ 1 □ 2 □ 3 □ 4 □ 5 □ 6 □ 7 □ 8 □ 9 □ 10
überhaupt nicht zutreffend absolut zutreffend

5) Ich denke hauptsächlich positiv über mich und von mir.
□ 1 □ 2 □ 3 □ 4 □ 5 □ 6 □ 7 □ 8 □ 9 □ 10
überhaupt nicht zutreffend absolut zutreffend

6) Ich würde mich als sehr zufrieden mit meinem Leben und meiner Person bezeichnen.

□ 1 □ 2 □ 3 □ 4 □ 5 □ 6 □ 7 □ 8 □ 9 □ 10

überhaupt nicht zutreffend absolut zutreffend

7) Ich lasse nicht zu, dass andere Menschen schlecht mit mir umgehen.

□ 1 □ 2 □ 3 □ 4 □ 5 □ 6 □ 7 □ 8 □ 9 □ 10

überhaupt nicht zutreffend absolut zutreffend

8) Andere Menschen behandele ich so, wie ich mir wünsche, selbst behandelt zu werden.

□ 1 □ 2 □ 3 □ 4 □ 5 □ 6 □ 7 □ 8 □ 9 □ 10

überhaupt nicht zutreffend absolut zutreffend

9) Ich denke, ich bin ein sehr liebenswerter Mensch.

□ 1 □ 2 □ 3 □ 4 □ 5 □ 6 □ 7 □ 8 □ 9 □ 10

überhaupt nicht zutreffend absolut zutreffend

10) Wenn ich Fehler mache, kann ich mir diese gut und schnell verzeihen.

□ 1 □ 2 □ 3 □ 4 □ 5 □ 6 □ 7 □ 8 □ 9 □ 10

überhaupt nicht zutreffend absolut zutreffend

Auswertung:

Bitte zählen Sie nun die von Ihnen angekreuzten Zahlen zusammen.

Sie haben bis zu 50 Punkte gesammelt:

Sie kümmern und sorgen sich zu wenig um sich selbst, obwohl Sie eine große Palette von Gefühlen erleben. Sie schätzen sich selbst nicht hoch genug und zweifeln daran, die Liebe zu sich überhaupt zu verdienen. Sie schrauben oftmals Ihre Ansprüche viel zu hoch und setzen sich selbst unter Druck, um immer besser und erfolgreicher zu werden und dafür

Anerkennung zu erlangen. Dem können Sie aber nicht immer gerecht werden.

Sie haben mehr als 50 Punkte gesammelt:
Sie haben bisher schon eine gute Grundlage geschaffen und denken positiv über sich und Ihr Leben. Ein liebevoller Umgang mit sich selbst, aber auch mit Ihren Mitmenschen, zeichnet Sie aus. Ihnen ist bewusst, dass Sie geliebt werden und liebenswert sind.

7.3 ACHTEN SIE GUT AUF SICH?

1) Ich bin gut mit meinem Körper verbunden und höre auf seine Signale.
□ 1 □ 2 □ 3 □ 4 □ 5 □ 6 □ 7 □ 8 □ 9 □ 10
überhaupt nicht zutreffend absolut zutreffend

2) Ich verbringe des Öfteren gerne auch mal Zeit mit mir selbst und für mich.
□ 1 □ 2 □ 3 □ 4 □ 5 □ 6 □ 7 □ 8 □ 9 □ 10
überhaupt nicht zutreffend absolut zutreffend

3) In meinen Alltag plane ich feste Ruhepausen ein, um zu entspannen und Energie zu tanken.
□ 1 □ 2 □ 3 □ 4 □ 5 □ 6 □ 7 □ 8 □ 9 □ 10
überhaupt nicht zutreffend absolut zutreffend

4) Eine gesunde ausgewogene Ernährung ist mir sehr wichtig.
□ 1 □ 2 □ 3 □ 4 □ 5 □ 6 □ 7 □ 8 □ 9 □ 10
überhaupt nicht zutreffend absolut zutreffend

5) Ich bewege mich viel und versuche, meinen Lieblingssport regelmäßig in meinen Alltag einzuplanen.

□ 1 □ 2 □ 3 □ 4 □ 5 □ 6 □ 7 □ 8 □ 9 □ 10

überhaupt nicht zutreffend absolut zutreffend

6) In erster Linie achte ich auf mich und meine Bedürfnisse und mache nicht nur meinen Mitmenschen alles recht.

□ 1 □ 2 □ 3 □ 4 □ 5 □ 6 □ 7 □ 8 □ 9 □ 10

überhaupt nicht zutreffend absolut zutreffend

7) Dinge und Menschen, die mir nicht guttun, lasse ich in meinem Leben nicht zu.

□ 1 □ 2 □ 3 □ 4 □ 5 □ 6 □ 7 □ 8 □ 9 □ 10

überhaupt nicht zutreffend absolut zutreffend

8) Dinge, die ich nicht tun möchte, tue ich auch nicht.

□ 1 □ 2 □ 3 □ 4 □ 5 □ 6 □ 7 □ 8 □ 9 □ 10

überhaupt nicht zutreffend absolut zutreffend

9) Ich bin stolz auf mich, weil ich in meinem Leben schon so vieles erreicht habe.

□ 1 □ 2 □ 3 □ 4 □ 5 □ 6 □ 7 □ 8 □ 9 □ 10

überhaupt nicht zutreffend absolut zutreffend

10) Es fällt mir absolut nicht schwer, auch einmal nein zu sagen.

□ 1 □ 2 □ 3 □ 4 □ 5 □ 6 □ 7 □ 8 □ 9 □ 10

überhaupt nicht zutreffend absolut zutreffend

Auswertung:

Bitte zählen Sie nun die von Ihnen angekreuzten Zahlen zusammen.

Sie haben bis zu 50 Punkte gesammelt:

Sie achten sich selbst zu wenig. Es fehlt Ihnen an Respekt vor Ihrer eigenen Person. Sie handeln oft selbstlos, beachten Ihre eigenen Wünsche und Bedürfnisse zu wenig bis gar nicht und geben sich des Öfteren auf, vor allem, wenn dies von Ihnen erwartet wird.

Sie haben mehr als 50 Punkte gesammelt:
Sie achten und respektieren sich selbst. Ihr eigenes Wohlergehen steht für Sie an erster Stelle, auch wenn das nicht immer leicht umzusetzen ist.

7.4 WIE STARK IST IHR SELBSTWERTGEFÜHL?

1) Ich nehme mir Kritik von außen selten zu Herzen und fühle mich dadurch auch nicht persönlich angegriffen.

□ 1 □ 2 □ 3 □ 4 □ 5 □ 6 □ 7 □ 8 □ 9 □ 10

überhaupt nicht zutreffend absolut zutreffend

2) Ein Kompliment nehme ich gerne an und fühle mich wohl dabei.

□ 1 □ 2 □ 3 □ 4 □ 5 □ 6 □ 7 □ 8 □ 9 □ 10

überhaupt nicht zutreffend absolut zutreffend

3) Ich bin der Meinung, viele positive Charaktereigenschaften zu besitzen.

□ 1 □ 2 □ 3 □ 4 □ 5 □ 6 □ 7 □ 8 □ 9 □ 10

überhaupt nicht zutreffend absolut zutreffend

4) Ich vergebe gerne ehrliche Komplimente an meine Mitmenschen.

□ 1 □ 2 □ 3 □ 4 □ 5 □ 6 □ 7 □ 8 □ 9 □ 10

überhaupt nicht zutreffend absolut zutreffend

5) In meinem sozialen Umfeld fühle ich mich sehr wohl.

□ 1 □ 2 □ 3 □ 4 □ 5 □ 6 □ 7 □ 8 □ 9 □ 10

überhaupt nicht zutreffend absolut zutreffend

6) Wie andere Menschen über mich denken, ist mir egal.

□ 1 □ 2 □ 3 □ 4 □ 5 □ 6 □ 7 □ 8 □ 9 □ 10

überhaupt nicht zutreffend absolut zutreffend

7) Es fällt mir nicht schwer in einem Restaurant mein falsch serviertes oder schlecht zubereitetes Essen zurückgehen zu lassen.

□ 1 □ 2 □ 3 □ 4 □ 5 □ 6 □ 7 □ 8 □ 9 □ 10

überhaupt nicht zutreffend absolut zutreffend

8) Ich freue mich immer wieder auf neue Herausforderungen.

□ 1 □ 2 □ 3 □ 4 □ 5 □ 6 □ 7 □ 8 □ 9 □ 10

überhaupt nicht zutreffend absolut zutreffend

9) Ich habe größtes Vertrauen in meine Fähigkeiten und Talente.

□ 1 □ 2 □ 3 □ 4 □ 5 □ 6 □ 7 □ 8 □ 9 □ 10

überhaupt nicht zutreffend absolut zutreffend

10) Ich bringe meine Werte mit meinem Denken, Sprechen und Handeln in einen größtmöglichen Einklang.

□ 1 □ 2 □ 3 □ 4 □ 5 □ 6 □ 7 □ 8 □ 9 □ 10

überhaupt nicht zutreffend absolut zutreffend

Auswertung:

Bitte zählen Sie nun die von Ihnen angekreuzten Zahlen zusammen.

Sie haben bis zu 50 Punkte gesammelt:

Es scheint so, als wäre Ihr Selbstwertgefühl kaum vorhanden. Ihnen fehlt Vertrauen in sich selbst und in Ihr Können. Sie zweifeln oft an Ihrem Leben und fühlen sich planlos. Ein Schicksalsschlag wirft Sie weit zurück, weg von Ihren eigentlichen Zielen.

Sie haben mehr als 50 Punkte gesammelt:

Sie haben ein gut ausgeprägtes Selbstwertgefühl. Ihnen ist eindeutig klar, was Sie sich vom Leben wünschen und Sie lassen sich auch nicht davon abbringen. Auch wenn Ihr Alltag mal aus den Fugen gerät, bleiben Sie am Ball und setzen Ihren Willen durch. Es ist schön, dass Sie sich selbst immer treu bleiben und so stark sind.

8. Selbstliebe – warum sie nicht fehlen darf

„Sei wie eine Blume, richte dich nach dem Licht und blühe in deiner ganz eigenen Schönheit, ohne dich mit anderen Blumen zu vergleichen."

Mit einem gewissen Maß an Selbstliebe können Sie vieles in ihrem Leben zum Positiven verändern. Wenn Sie mit jungen Jahren bereits damit beginnen, sich mit mehr Selbstliebe zu begegnen, werden Sie umso länger davon profitieren. Aber auch im fortgeschritteneren Alter bringt es viele Vorteile, an der Liebe zu sich selbst zu arbeiten.

In unserer Gesellschaft herrscht oft noch der Irrglaube, dass man Selbstliebe nicht erwerben könne. Entweder würde man mit der Liebe zu sich selbst geboren werden, sie vererbt bekommen oder sie wäre erst gar nicht vorhanden.

Es ist sicher unumstritten, dass das Umfeld und die Erziehung eines Menschen, die er in seiner Kindheit genossen hat, eine große Rolle spielen und Auswirkungen auf die Selbstliebe haben. Ich bin jedoch davon überzeugt, dass viele Menschen unnötigerweise leiden, weil sie noch nicht gelernt haben, wie sie sich selbst annehmen und bedingungslos lieben können. Ich bin mir sicher, dass auch Sie Selbstliebe erlernen können – so wie Sie vieles andere in Ihrem Leben auch gelernt haben. Dafür müssen Sie sich allerdings bewusst für die Selbstliebe entscheiden und die nötigen Schritte und Übungen dazu ausführen wollen.

Ich möchte Sie zum Thema Selbstliebe aufklären und die Bedeutung und Berechtigung dieser klarstellen. Denn sie ist unheimlich wichtig für unseren Lebensweg. Allerdings ist die Liebe zu sich selbst bei vielen von uns nur schwach oder gar nicht vorhanden; deshalb ist es mir ein Anliegen, Ihnen Tipps und Tricks zu geben, wie Sie sich ab sofort mit viel mehr Liebe begegnen können.

Selbstliebe, Selbstbewusstsein, Selbstannahme, Selbstwert und Selbstachtung

In den vorherigen Kapiteln bin ich bereits genauer auf diese Begriffe eingegangen. Sie lassen sich als Bausteine betrachten, mit Hilfe derer sich ein erfülltes Leben voller Glück erschaffen lässt. Wenn Sie sich so annehmen und lieben, wie Sie sind, und liebevoll auf sich selbst achten, steht Ihnen nichts mehr im Weg, dies zu erreichen. Ihr Körper, Ihr Geist und Ihre Seele verdienen es, von Ihnen sorgsam gepflegt zu werden. Zu einem gesunden Selbstbewusstsein gehört unweigerlich auch die Selbstliebe dazu, weshalb ich genauer auf dieses spannende Thema eingehen möchte. Wer sich selbst liebt, strahlt vor ehrlicher, authentischer Zufriedenheit und Positivität und zieht dadurch die Menschen ganz von alleine in seinen Bann. Sie müssen von nun an niemanden mehr von sich überzeugen.

Leider wird Selbstliebe in unserer Gesellschaft ungerechtfertigt verspottet, denn viele Menschen verwechseln diese mit purem Egoismus oder gar Selbstverliebtheit. Sie wird oft mit Selbstsüchtigkeit in Verbindung gebracht und auch mit der Arroganz eines Menschen, der sich für sehr viel wichtiger und wertvoller hält als seine Mitmenschen. Das ist allerdings verkehrt. Ein bisschen dieser Eigenschaften gehört zwar zu jedem von uns – allerdings innerhalb eines gewissen Rahmens, was völlig in Ordnung ist und sogar wichtig für unser Überleben.

Ich möchte allerdings klarstellen, dass Selbstverliebtheit auf keinen Fall vergleichbar mit Selbstliebe ist. Denn wenn Sie sich selbst lieben, erkennen Sie sich mit Ihren Stärken und Schwächen und nehmen diese an. Sie gehen voller Liebe und Wertschätzung mit sich um. Es geht aber auch um Weiterentwicklung, beispielsweise indem Sie aus Fehlern lernen und es das nächste Mal besser machen.

8.1 ANZEICHEN DAFÜR, DASS IHNEN SELBSTLIEBE FEHLT

Wenn Sie sich bewusst werden, welche Gedanken und welches Handeln die Grundlage Ihrer mangelnden Selbstliebe bilden, haben Sie schon einiges erreicht. Mithilfe dieses Buchs können Sie genau in diesen Bereichen an sich arbeiten. Ich möchte Ihnen im Folgenden die Anzeichen für zu geringe Liebe zu sich selbst erläutern, damit wir gemeinsam die Hindernisse auf Ihrer Reise zu mehr Selbstliebe aus dem Weg räumen und Sie neue Energie und Kraft schöpfen können.

- **Der Satz „Ich bin nicht gut genug!" ist Ihnen sehr vertraut**

Sie sind oft der Meinung, nicht gut genug für jemanden oder etwas zu sein. Egal, ob es um eine zwischenmenschliche Beziehung, eine Herausforderung in der Arbeit oder etwas anderes geht. Das ist fatal, denn so verinnerlichen Sie dieses Gefühl und es wird zu Ihrem Mantra. Versuchen Sie, Ihre negativen Gedanken durch positive Leitsätze zu ersetzen. Betrachten Sie dies als erste Übung: Stellen Sie sich jeden Morgen vor den Spiegel, blicken Sie sich in die Augen und wiederholen Sie mehrmals mit einem Lächeln auf den Lippen eines der folgenden Mantras: „Ich bin gut so, wie ich bin!", „Ich nehme mich an, so wie ich bin!" oder „Ich bin gut genug!". Sie dürfen natürlich auch Ihr eigenes Mantra wählen, welches Ihnen dabei hilft, den negativen Glaubenssatz „Ich bin nicht gut genug!" abzulegen. Nur so werden Sie Ihr volles Potential entfalten können.

• Sie fragen sich mehrmals täglich, was andere Menschen über Sie denken und für Sie tun – oder auch nicht für Sie tun

Eins ist sicher: Jeder Mensch möchte geliebt werden und sich verstanden fühlen. Wenn Sie sich allerdings mehrmals täglich fragen, was Ihre Mitmenschen über Sie und Ihr Handeln denken, und dies über Ihre eigene Meinung stellen, spricht das auf jeden Fall für ein geringes Selbstwertgefühl. Aufgrund der Äußerungen von Menschen in Ihrem näheren Umfeld zweifeln Sie ständig an dem, was Sie tun. Eventuell plagt Sie auch der Gedanke, dass es niemanden gibt, der Sie liebt, so wie Sie sind.

Sollten Sie täglich diese und ähnliche Gedanken haben, hinterfragen Sie dies. Vielleicht helfen Ihnen dabei folgende Fragestellungen: Ist es möglich, dass mich jemand liebt wie ich bin, wenn ich es selbst nicht tue? Kann es wirklich sein, dass mich jemand anderes respektiert, wenn ich das selbst nicht tue?

• Ihnen ist nicht bewusst, wie sehr Ihr Unterbewusstsein Sie negativ beeinflussen kann

Die Macht Ihres Unterbewusstseins sollten Sie auf keinen Fall unterschätzen. Es wirkt sich auf Ihr Leben aus, auch wenn Sie dies bisher nicht bewusst wahrgenommen haben. Die große Schwierigkeit ist nun, zu erkennen und zu verstehen, dass diese Beeinflussung in all Ihren täglichen Entscheidungen und Handlungen passiert. Versuchen Sie festzustellen, ob Sie zur Zeit regelmäßig von irgendwelchen negativen Gedanken geplagt werden. Erkennen Sie eventuell Muster in Ihrer Denkart, welche Sie eher frustrieren?

• Sie versuchen bewusst, Konflikten aus dem Weg zu gehen

Der Harmonie wegen verhindern Sie einen Streit, tun des Öfteren so, als wäre alles in Ordnung, und machen Ihre Unzufriedenheit und Ihren Frust mit sich alleine aus. Anstatt für sich selbst einzustehen und sich treu zu bleiben, geben Sie lieber auf und gehen einem Streit aus dem Weg. Sie meinen vielleicht, es wäre klug, hier zurückzustecken. Dabei nimmt Ihnen die mangelnde Selbstliebe in Wirklichkeit all die Kraft, um für Ihre Überzeugungen und Wünsche einzutreten.

• Sie finden sich nicht schön

Wir sind einzigartig geschaffene Lebewesen in vollster Schönheit, jeder auf seine Art und Weise. Egal ob groß oder klein, blaue oder braune Augen, dünn oder dick, hellhäutig oder dunkel; Sie sind schön, so wie Sie sind. Wir alle haben Makel und Fehler. Niemand von uns ist perfekt. Nehmen Sie sich das zu Herzen und eifern Sie nicht irgendwelchen Schönheitsidealen nach.

• Was Sie bis jetzt erreicht haben, empfinden Sie als reines Glück

Natürlich hat jeder von uns mal Glück im Leben. Dennoch ist dies eher die Ausnahme und Sie sollten sich auch nicht darauf verlassen. Gestehen Sie sich ein, dass Sie für Ihre Erfolge einiges getan haben. Seien Sie stolz auf Ihr Können und Ihre Fähigkeiten und unterschätzen Sie Ihre Bemühungen, um ein Ziel zu erreichen, keinesfalls. Nur wenn Sie Ihre Erfolge schätzen, können Sie sich selbst bedingungslos lieben und den Wert Ihrer Beiträge für die Welt erkennen. Mit einer negativen Einstellung und fehlender Wertschätzung für sich selbst werden Sie sich an Ihren Erfolgen wenig bis gar nicht erfreuen können, sich weiterhin als nicht kompetent und wenig motiviert beschreiben. Das tut Ihnen nicht gut und ich wette, ihre Gedanken entsprechen nicht der Realität.

• Sie vergleichen sich oft mit anderen Menschen

Wenn Sie sich mit anderen vergleichen, werden Sie immer verlieren. Man misst sich nämlich in der Regel mit Menschen, die dem Anschein nach ein viel besseres und nahezu perfektes Leben führen. Wir alle sind Individuen und vollkommen einzigartig, vergessen Sie das bitte nicht! Es spielt keine Rolle, was andere besser können als Sie. Vergleichen Sie sich nur mit sich selbst! Denn unrealistischen Vorbildern nachzueifern, demotiviert Sie nur immer wieder aufs Neue.

• Sie können mit Kritik schlecht umgehen und nehmen sich diese sehr zu Herzen

Viele kritisieren gerne ihre Mitmenschen, oft sogar ungefragt. Wenn Sie jede Kritik, auch die kleinste, persönlich nehmen und sich angegriffen fühlen, können Sie keinen Lerneffekt daraus ziehen. Sollten Sie zukünftig also kritisches Feedback erhalten, fokussieren Sie sich auf hilfreiche Empfehlungen und seien Sie dankbar, dass man Ihnen zu einer möglichen Verbesserung verhilft. Grenzen Sie sich emotional ab und verstehen Sie Kritik nicht als Angriff gegen Ihre Person. Sie sind wertvoll, ganz unabhängig von Ihrer Leistung oder dem, was Sie gut oder auch weniger gut gemacht haben. Kritik richtet sich nie an Sie als Person, sondern an das, was Sie beispielsweise in der Arbeit geleistet haben. Wenn es konstruktive Kritik ist, dann nutzen Sie diese, um Ihre Leistung zu verbessern. Ungerechtfertigte, destruktive Kritik, die beleidigend und verletzend formuliert ist, ignorieren Sie am besten. Sie können sich natürlich auch immer selbst hinterfragen, ob nicht doch ein Körnchen Wahrheit darin steckt. Versuchen Sie, aus dem Feedback etwas Positives für sich herauszuarbeiten.

• Sie lassen sich nicht lieben und gehen keine ernsten Beziehungen ein

Vielleicht haben Sie aufgrund von schlechten Erfahrungen mit Partnern in der Vergangenheit Angst davor, wieder enttäuscht zu werden. Wenn es jemandem ernst mit Ihnen ist, ziehen Sie sich zurück und nehmen keine Liebe an. Wenn ein mangelndes Selbstwertgefühl Sie plagt, wird es Ihnen auch sehr schwerfallen, Liebe von anderen zu akzeptieren. Wenn Sie allerdings die Gefühle zulassen und sich eingestehen können, Liebe auch wirklich zu verdienen, können Sie viel tiefere Beziehungen eingehen. Ich bin mir sicher, dass auch Sie jemanden finden werden, für den es sich lohnt, sich zu öffnen und verwundbar zu machen.

8.2 URSACHEN VON MANGELNDER SELBSTLIEBE

Die Ursachen für fehlende oder unzureichende Selbstliebe sind den Motiven eines zu geringen Selbstbewusstseins sehr ähnlich. In beiden Bereichen liegt viel in der Kindheit begraben. Doch Kopf hoch, Sie können alles ändern, wenn Sie nur wollen!

• Wie Ihre Erziehung und Ihr Umfeld dies beeinflussen

Am Tag unserer Geburt begegnen wir erstmals unseren Eltern. Von diesem Moment an wird unser Selbstwert und Charakter geprägt.

Für unsere ersten Erfahrungen sind also die Menschen in unserem Umfeld wie unsere Familie und Freunde verantwortlich. Den größten Einfluss auf uns haben aber unsere Eltern, welche uns als Vorbilder leiten und lenken, was wir meist aber erst im Erwachsenenalter erkennen. Wir sind von Geburt an bis zu unserem Einstieg ins Berufsleben von unseren Eltern abhängig. Das bedeutet, wir können uns nicht selbst versorgen und suchen uns auch unsere Heimat nicht aus. Wir benötigen die Begleitung durch unsere Eltern, orientiert an unseren Bedürfnissen, welche erfüllt werden sollten.

Ursachen für ein mangelndes Selbstwertgefühl sind oft begründet durch die in der Kindheit fehlende Versorgung unserer Grundbedürfnisse durch Mutter und Vater. Tatsächlich erinnern wir uns im Erwachsenenalter nicht immer daran, was in unseren jungen Jahren alles passiert oder ausgeblieben ist. Aber dennoch bestimmt es unsere inneren Glaubenssätze, welche uns täglich begleiten.

Ein stabiles Umfeld beeinflusst die körperliche und geistige Gesundheit und ist daher für das Aufwachsen eines Kindes sehr wichtig. Zudem hat es auch Auswirkungen auf unsere Beziehungsfähigkeit und Resilienz. Für ein stabiles Selbstwertgefühl braucht es ein sicheres Zuhause, in welchem Kinder Zuneigung, Behütung, Geborgenheit und Fürsorge erfahren. Eine Zuflucht, in der wir uns sicher, willkommen und geliebt fühlen.

Wenn aber die Bedürfnisse eines Kindes nicht ernstgenommen oder sogar abgelehnt werden und es im familiären Umfeld keine Sicherheit finden kann, wirkt sich das negativ auf die Entwicklung aus. Kinder nehmen sich Ihre Eltern zum Vorbild. Bei Fehlverhalten der Eltern, wie zum Beispiel Schreien und Schlagen, gibt sich das Kind selbst die Schuld und glaubt, der Grund dafür zu sein. Dies führt dann leider auch fast immer zu negativen Glaubenssätzen wie "Ich werde nicht geliebt wie ich bin!", "Ich bin hier nicht sicher!" oder "Ich bin nicht gewollt!"

Sollte in Ihrer Kindheit der Wunsch nach Zuneigung und Bindung unerfüllt geblieben sein, ist dies sicher eine Ursache für Ihr geringes Selbstwertgefühl. Kinder, die so aufgewachsen sind, haben es im Erwachsenenalter oft schwer, sich zu binden und ernsthafte Beziehungen zu führen. Hierfür verantwortlich ist aber auch die in der Kindheit entwickelte Angst davor, verletzt zu werden. Als Erwachsene wünschen wir uns natürlich immer noch Anerkennung. Wir streben danach, erfolgreich zu sein und unsere Eltern stolz zu machen.

Kinder sollten sich in ihren ersten Lebensjahren im Bereich ihrer jeweiligen Interessen, Talente und Bedürfnisse entfalten können. Im sicheren, familiären Hafen erfahren sie idealerweise bedingungslose Anerkennung, Zuneigung, Vertrauen und Liebe. Wenn ein Kind allerdings um Aufmerksamkeit und Anerkennung kämpfen muss oder es Liebe nur nach erbrachter Leistung bekommt, beginnt bereits der Teufelskreis: Das Gefühl entsteht, nicht gut genug zu sein, sich anpassen zu müssen, die eigenen Bedürfnisse hintenanzustellen und nicht wertvoll zu sein. Das Kind verbindet Anerkennung mit Bedingungen und so leidet das Urvertrauen. Das führt in Folge zu Selbstzweifeln bis ins Erwachsenenalter hinein. Der Vergleich mit anderen Menschen ist dann oft frustrierend: Gefühlt sind diese immer schöner, erfolgreicher, klüger und besser als man selbst. Man sucht sein Leben lang nach Bestätigung von außen.

Das Bedürfnis nach Autonomie stellt sicher, einen selbstständigen, in seine Fähigkeiten vertrauenden Erwachsenen mit eigenem Willen und individuellen Zielen aus uns zu machen. Durch das Vernachlässigen und Nichtbeachten der Bedürfnisse eines Kindes, aber auch durch

Überbehüten, können Eltern diese natürliche Entwicklung beeinträchtigen. Kinder mit dem sehnlichsten, aber unerfüllten Wunsch nach Liebe und Zuneigung versuchen alles, um ihren Eltern zu gefallen. Ihnen ist nicht bewusst, was sie ändern müssen, um zu erhalten, was sie sich so sehr wünschen. In weiterer Folge stellen Kinder ihre eigenen Bedürfnisse immer weiter hintenan und versuchen nur noch, es den Eltern recht zu machen. Dabei versuchen sie, mit ihrer Gefühlswelt selbst klarzukommen. Leider nehmen solche Kinder dieses Verhalten fast immer mit ins Erwachsenenalter, wo dann der Partner, die Kollegen, die Freunde und andere Menschen aus dem Umfeld diejenigen sind, deren Anforderungen man stets gerecht werden möchte.

Eine weitere Hürde basierend auf dem unerfüllten Bedürfnis nach Autonomie ist die Schwierigkeit, seine Gefühle auszudrücken. Vielen Kindern fällt dies ohnehin schon sehr schwer, aber Erwachsenen ebenso. Der eigene Wert und die eigene Meinung werden als weniger wichtig wahrgenommen. Gesundheitliche Einschränkungen, zum Beispiel eine Depression, sind oft die Folge. Negative Glaubenssätze wie "Meine Meinung ist nichts wert!" oder "Ich darf nicht ich selbst sein und muss anderen gefallen", prägen das Leben dieser Kinder bis ins Erwachsenenalter.

Ich möchte aber darauf hinweisen, dass Überbehütung und übervorsorgliches Handeln seitens der Eltern ebenfalls negative Auswirkungen auf die Entwicklung eines Kindes haben können. Hier fehlt es dann oft am Vertrauen des Kindes in sich selbst. Oftmals wünschen diese Kinder sehr viel mehr Bestätigung von außen und benötigen diese auch noch als Erwachsene. Dadurch lassen sie sich viel stärker beeinflussen und gehen eher ohne eigene Ziele und Träume durchs Leben.

Sie sehen also: Weder Überbehütung noch die Vernachlässigung der Bedürfnisse eines Kindes unterstützen den Weg zur Selbstliebe.

Durch meine Ausführungen zum Einfluss von Erziehung und Umfeld auf Ihre Entwicklung konnte ich Ihnen nun hoffentlich aufzeigen, welche gravierenden Folgen ein fehlerhaftes Verhalten Ihrer Mitmenschen auf Ihr Selbstwertgefühl haben kann. Dennoch möchte ich Sie darum bitten, die Verantwortung für Ihre mangelnde Selbstliebe nun nicht ausschließlich auf die Anderen abzuschieben. Ich bin mir sicher, dass Ihre Eltern das Bestmögliche für Sie getan haben.

Sie selbst sind dafür verantwortlich, wie Sie Ihr Leben gestalten. Es ist Ihr Leben. Der Blick in Ihre Vergangenheit soll uns dabei unterstützen, die Ursachen für Ihr Denken über sich selbst zu finden. Aber Sie leben im Hier und Jetzt und das wollen wir zum besseren verändern. Jemand anderem die Schuld zuzuweisen, hilft in diesem Fall nicht weiter.

Zum Abschluss dieses Kapitels bitte ich Sie, sich einen Moment Zeit zu nehmen, um die folgenden Fragen zu beantworten und auf diese Weise noch mehr über sich selbst herauszufinden. Es ist gar nicht schlimm, wenn Sie nicht auf alle Fragen eine Antwort parat haben.

Bitte stellen und beantworten Sie sich folgende Fragen:

- Fühlte ich mich als Kind geliebt?
- War ich meinen Eltern wichtig?
- Wurde ich und wurden meine Bedürfnisse ernst genommen?
- Hatte ich das Gefühl, als Kind immer genügend Aufmerksamkeit erhalten zu haben?
- Wurde ich in meiner Kindheit oft für mein Handeln gelobt?
- Hat man mich in meinen Entscheidungen und in meinem Handeln bestärkt und ermutigt?
- Haben mir meine Eltern etwas über Selbstliebe beigebracht?
- Haben meine Eltern mich in meiner Gefühlswelt unterstützt und mich viel über Emotionen lernen lassen?

• Der Einfluss von Gedanken

Bei vielen Menschen, die wenig bis gar keine Selbstliebe haben, lassen sich die gleichen Ursachen beobachten: blockierende und negative Gedanken, welche eine Veränderung beinahe unmöglich machen. Nur wenn wir unsere Gedanken ändern, können wir es schaffen, einen neuen, positiven Weg in unserem Leben einzuschlagen. Vielleicht haben

Sie in der Vergangenheit sogar schon mehrmals erfolglos versucht, Ihr Denken zu korrigieren. Ich weiß, das ist nicht leicht. Alles, was wir den Tag über denken und uns einreden, scheint unsere subjektive Wahrheit zu sein. Allerdings können diese Denkweisen auch falsch sein und objektiv betrachtet gar nicht der Wirklichkeit entsprechen.

Wir machen unser Gehirn glauben, dass das, was wir denken, wahr ist. Dabei ist es unsere ganz eigene Realität, welche wir erschaffen. Diese Wahrheit wird natürlich beeinflusst, vor allem von Ereignissen, Erlebnissen und Erfahrungen. Aber auch Personen in unserem Umfeld beeinflussen unser Denken durch ihre Worte und ihr Handeln ebenso wie beispielsweise die überall gegenwärtige Werbung, die morgendliche Tageszeitung, die Abendnachrichten und die Medien allgemein – derzeit leiden besonders Jugendliche unter dem Einfluss von Social Media.

Negative Erfahrungen in unserem Leben nehmen wir uns oft zu sehr zu Herzen und beziehen diese auf unsere Person. Wenn man beispielsweise immer wieder von seinem Partner betrogen oder verlassen wurde, beginnt man schließlich die Schuld bei sich selbst zu suchen. Man glaubt, man sei nicht liebenswert und vielleicht sogar beziehungsunfähig. Diese Gedanken sind aber fatal.

Unser Denken beeinflusst unser Handeln und unsere Taten. Egal, ob unsere Gedanken der Realität entsprechen oder nicht - sie leiten uns und stellen den größten Hebel dar, den wir für uns oder gegen uns verwenden können.

Wie Sie bereits wissen, beinhaltet unsere selbst geschaffene Wahrheit viele verschiedene Meinungen, Empfindungen und Betrachtungen. Oft aber nicht die neutrale, parteilose, rationale Wahrheit und Realität. Das betrifft uns alle, nicht nur Sie alleine.

Wenn Sie nun festgestellt haben, dass Ihnen solche Gedanken oft Steine in den Weg gelegt haben und es immer noch tun, geben Sie nicht auf! Wir können gemeinsam dafür sorgen, dass Sie einen Weg finden, positiver zu denken. Im ersten Schritt ist es wichtig für Sie zu realisieren, dass Sie sich Ihre eigene Wahrheit schaffen und diese des Öfteren nicht die Realität widerspiegelt. Ich helfe Ihnen dabei, Ihr Denken in Frage zu stellen. Ist denn das, was Sie denken, zu belegen? Kann man diese Behauptungen beweisen? Besteht die Möglichkeit, dass ein anderer Gedanke der Wahrheit entsprechen könnte?

Wenn Sie beispielsweise davon überzeugt sind, Sie wären nicht geschickt genug, um eine gewisse, für Sie neue Sportart kennenzulernen und auszuüben, ermutige ich Sie nun, dies zu hinterfragen. Ist Ihnen bewusst, wie unendlich viele Sportarten es gibt? Welche davon haben Sie schon kennengelernt? Welcher davon sind Sie voller Motivation nachgegangen? Wie viele Menschen kennen Sie, die sich hier weniger geschickt anstellen würden? Können diese Menschen auch anderen Sport ausführen?

Wie Sie sehen, können Sie jeden Ihrer Gedanken hinterfragen, und so lässt sich herausfinden, was Sie zu wissen glauben und was wirklich der Wahrheit entspricht. Sollte es dennoch vorkommen, dass Sie einen bestimmten Gedanken nicht loswerden, gebe ich Ihnen folgenden Tipp: Prüfen Sie, woher Sie diese Information haben und ob diese Quelle glaubwürdig ist. Können Sie diese Aussage mit 100 prozentiger Sicherheit belegen? Haben Sie dazu in wissenschaftlichen Arbeiten und Studien nachlesen können? Oder gehen Sie nur davon aus, dass man Sie nicht belogen hat?

Mit all diesen Fragen machen Sie sich bewusst, welch großen Einfluss diese Gedanken, aber auch Ideen, Sichtweisen und Meinungen, auf Sie hatten und natürlich auch immer noch haben werden, wenn Sie weiterhin daran festhalten. Aber Sie erkennen auch, woher Ihre Überzeugungen kommen und wie Sie diese gegebenenfalls widerlegen können.

Stellen Sie sich doch nur einmal vor, wie sich Ihr Weg entwickelt hätte und wohin er Sie führen würde, wenn Sie sich von diesen weder hilfreichen noch förderlichen Gedanken verabschieden. Fällt Ihnen ein, wie Sie stattdessen denken könnten und sollten, um Ihre Ziele zu erreichen?

Bitte stellen und beantworten Sie sich folgende Fragen:
– Wie denke ich allgemein über meine Person?
– Welche Talente und Stärken habe ich?
– Würde ich mich als intelligent bezeichnen?
– Welche Zweifel an mir empfinde ich regelmäßig und warum?
– Gibt es eigene Wahrheiten, welche mir Steine in den Weg legen?
– Welche negativen Gedanken über meine Person sollte ich eigentlich ablegen?
– Welche positiven und förderlichen Gedanken sollte ich zukünftig nutzen?

• Der Einfluss von Erfahrungen

Wir alle begegnen und kennen Menschen, die dunkle Gedanken über sich selbst haben und diese mit negativen oder traumatischen Erlebnissen begründen. So etwas darf auf keinen Fall beschönigt werden. Es ist aber wichtig zu wissen, wie unterschiedlich Menschen auf schwierige Situationen reagieren.

Mir ist bewusst, dass es nicht in allen Lebenslagen möglich ist, ausschließlich gut gelaunt zu sein und positiv zu denken. Das wäre sehr weit weg von der Realität. Sicherlich werden Sie mir aber bestätigen, dass es an uns selbst liegt, ob wir die Schuld bei anderen suchen, die Verantwortung für unsere Lage abschieben und vielleicht sogar die Rolle des Opfers einnehmen. Denn es gibt immer auch einen anderen Weg: Wir lernen aus dem, was wir erleben, ziehen für uns wichtige Schlüsse daraus und machen es das nächste Mal besser. Wir selbst entscheiden für die Zukunft und bestimmen, wie wir jetzt in der Gegenwart handeln.

Wie würden Sie reagieren, wenn Ihnen etwas passiert, was Ihnen den Boden unter den Füßen wegreißt? Da gibt es verschiedenste Optionen: Sie können herumnörgeln und sich als Opfer darstellen. Sie können aber auch einen anderen Blickwinkel auf die Dinge gewinnen, beobachten und dann Schlüsse daraus ziehen, die Ihnen zukünftig weiterhelfen. Klar, es ist nicht leicht, kontinuierlich positiv zu denken und aus allem das Beste zu machen. Aber wenn Sie es zulassen, dann ist das ein Beweis der Liebe zu sich selbst. Ich werde Ihnen noch weitere hilfreiche Tipps geben, wie Sie mit Krisen zukünftig umgehen können und das Beste aus sich herausholen.

Manchmal fühlt man sich gefangen in seinen eigenen Empfindungen und Gedanken. In solchen Momenten sollte man innehalten, um Abstand zu nehmen und die Situation von einem anderen Blickwinkel aus zu betrachten. Helfen Sie sich selbst dabei mit bedingungsloser Liebe.

Wir alle haben in der Vergangenheit schlechte Erfahrungen gemacht. Manches wiederholt sich leider häufig, gleich einem Déjà-vu, und so können sich bestimmte Denkmuster entwickeln und negative Glaubenssätze verfestigen.

Versuchen Sie in Zukunft, solche Erlebnisse zu hinterfragen und sich bewusst zu machen, welches Handeln ausschlaggebend dafür ist. So können Sie lernen, derartige Situationen künftig zu vermeiden oder anders und besser damit umzugehen.

Bitte stellen und beantworten Sie sich folgende Fragen:

– Gibt es negative Erlebnisse, die Sie im Laufe Ihres Lebens stark beeinflusst haben, und wenn ja, welche?

– Mussten Sie Erfahrungen durchleben, die dazu geführt haben könnten, dass Sie sich weniger lieben?

– Welche Begebenheiten könnten Ihrer Vorstellung nach die Liebe zu sich selbst stärken?

– Haben Sie Ideen, wie Sie solche positiven Erfahrungen sammeln könnten?

9. Selbstfindung – sich neu erfinden

Selbstfindung ist ein zentrales Stichwort, insbesondere dann, wenn es um die Stärkung des Selbstbewusstseins geht.
Doch oftmals kann es sich richtig schwierig gestalten, eine Richtung im Leben zu finden, denn schließlich gibt es eine Fülle an Möglichkeiten, aus denen tagtäglich gewählt werden kann. Um die vielfältigen Optionen zu überblicken und zu sortieren, ist es wichtig, sich einige Fragestellungen zu stellen, wie „Wer bin ich?“ und „Wohin soll mein Leben gehen?“

Eine Stärken-Schwächen-Analyse ist eine wertvolle Unterstützung für die Selbstfindung.

9.1 WO STEHEN SIE AKTUELL?

Um sich selbst zu finden oder gar neu zu erfinden, sollten Sie genau analysieren, wo Sie aktuell im Leben stehen.

Beantworten Sie sich ein paar grundlegende Fragen, um sich selbst näherzukommen:
– Wer sind Sie?
– Was macht Sie aus?
– Was ist das Besondere an Ihnen?
– Was macht Ihnen Spaß?
– Was können Sie gut leiden?
– Was können Sie überhaupt nicht ausstehen (beispielsweise bestimmte Situationen, Eigenschaften bei anderen oder Ähnliches)?

Um herauszufinden, was Sie gut und was Sie weniger gut können, ist die Stärken-Schwächen-Analyse ein wichtiges Instrument.

Sie wird oft im Marketing verwendet, ist aber auch ein sehr gutes Werkzeug, um sein individuelles Potenzial zu bestimmen und das eigene Selbstbewusstsein zu stärken. Durch die Selbsteinschätzung lassen sich die eigenen Stärken, aber auch Schwächen besser erkennen. Man wird sich ihrer und somit seiner selbst bewusst.

Denken Sie bitte über die folgenden Fragen in Ruhe nach und notieren Sie Ihre Antworten:
– Wo liegen Ihre Talente?
– Wo sehen Ihre Mitmenschen Ihre Schwächen und Stärken? Sagt man Ihnen, dass Sie bestimmte Dinge besonders gut können?
– Wo sehen Sie selbst Ihre Grenzen?

Sich seiner eigenen Stärken und Schwächen bewusst zu werden, braucht seine Zeit. Nehmen Sie sich diese ruhig, denn es zahlt sich auf jeden Fall für Sie aus.

Durch eine persönliche Situationsanalyse können Sie sogar verborgene Potenziale aufdecken, denen Sie bis dato noch nicht ausreichend Beachtung geschenkt haben. Allerdings werden Sie auch Schwächen entdecken, an denen Sie künftig unbedingt noch feilen und arbeiten sollten.

- **Die Stärken**

Ihre Stärken sollten Sie sehr gut kennen, denn nur dann können Sie diese gewinnbringend im Alltag einsetzen. Fokussieren Sie sich nicht nur auf das, was Sie nicht oder nicht gut genug können! Auf diese Weise verlieren Sie Ihre Bestleistungen komplett aus dem Blick. Jeder Mensch hat Begabungen, besondere Fähigkeiten und Talente – und es ist wichtig, im Leben etwas daraus zu machen.

Überlegen Sie bitte:

– Welche Sachen fallen Ihnen besonders leicht?

– Für welche Fähigkeiten oder Talente werden Sie von Ihren Mitmenschen bewundert?

– Was tun Sie besonders häufig und gerne?

– Mit welchen Handlungen können Sie für Ihre Mitmenschen eine besonders große Unterstützung sein?

– Mit welchen Menschen aus Ihrem Umfeld pflegen Sie eine besondere Beziehung?

– Was tun Sie, um Beziehungen aufrechtzuerhalten?

– An welche Erfolge oder Leistungen erinnern Sie sich besonders gerne?

– Was stimmt Sie besonders fröhlich?

– Welche Dinge machen Ihnen besonders viel Spaß?

– In welchen Berufs- oder Alltagssituationen bringen Sie freiwillig und gerne vollen Einsatz?

– Mit welchen Kollegen können Sie besonders gut zusammenarbeiten oder reden?

– In welchen Bereichen verfügen Sie über besonders viel Fachwissen?

Beschäftigen Sie sich gedanklich mit Ihren Stärken und erstellen Sie gerne auch eine Liste. Lesen Sie sich diese Aufstellung immer wieder durch, um sich Ihrer Fähigkeiten und Talente stetig bewusst zu sein, und ergänzen Sie die Liste auch, wenn nötig. Indem Sie Ihre Stärken mehr und mehr verinnerlichen, werden diese auch in Ihrem Alltag immer präsenter sein.

• Die Schwächen

Nun geht es um jene Eigenschaften, mit denen Sie bei sich selbst noch nicht ganz zufrieden sind. Hier besteht zwar noch Ausbaubedarf, doch Schwächen bieten Ihnen zugleich auch viele Herausforderungen und Chancen. Überlegen Sie bitte in Ruhe, in welchen Bereichen Sie bewusst noch etwas verändern wollen. Wo können Sie sich vorstellen, noch mehr Zeit und Energie zu investieren? Wo wollen Sie den aktuellen Status Quo akzeptieren?

Wenn Sie sich mit einigen Ihrer Schwächen abfinden können und wollen, dann verschwenden Sie keine weitere Energie oder Lebensfreude mehr, dagegen anzukämpfen. Akzeptieren Sie diese einfach als einen Teil Ihrer Persönlichkeit.

Überlegen Sie nun auch hier:

– Erinnern Sie sich an Ihre größten Misserfolge und Niederlagen? Was ist dabei konkret passiert?
– Welchen persönlichen Anteil hatten Sie an diesen „Niederlagen"?
– Was macht Ihnen überhaupt keine Freude und kostet Sie jede Menge Überwindung?
– Mit welchen Menschen aus Ihrem Umfeld kommen Sie nicht besonders gut zurecht? Wäre es Ihnen wichtig, mit einigen dieser Personen mehr Einigkeit zu erreichen?
– Sind Sie in der Lage, aktiv auf andere zuzugehen?
– Welche Dinge sind für Sie im Alltag und im Beruf eine große Belastung?
– Wo sehen Sie in Ihrem Leben Optimierungsbedarf?

– Welche Ihrer Eigenschaften mögen Sie überhaupt nicht? Sehen Sie hier überhaupt Verbesserungsmöglichkeiten? Lohnt es sich Ihrer Meinung nach, Aufmerksamkeit, Zeit und Energie zu investieren?

Überlegen Sie in Ruhe, welche Stärken und Schwächen Ihnen einfallen und schreiben Sie gerne alles auf, was Ihnen so durch den Kopf geht.

Jeder Mensch hat starke und auch weniger starke Seiten. Seien Sie daher ehrlich zu sich selbst. Vielleicht können Sie sich besonders gut Namen merken oder mit Zahlen umgehen. Möglicherweise haben Sie ein gutes technisches Verständnis, ein ausgezeichnetes räumliches Vorstellungsvermögen oder verfügen über beeindruckende organisatorische Fähigkeiten.

Haben Sie ein leistungsstarkes Gedächtnis oder sind Sie besonders kreativ?

Auch Eigenschaften wie Ehrlichkeit, Authentizität, Teamfähigkeit, Hilfsbereitschaft oder Ordentlichkeit gehören definitiv zu den Stärken. Was davon trifft auf Sie zu?

Denken Sie auch an kommunikative Fähigkeiten: Können Sie gut zuhören, anderen Menschen Feedback geben oder ist es für Sie ein Leichtes, vor größeren Gruppen zu sprechen? Können Sie die Quintessenz einer Sache gut auf den Punkt bringen oder Ihre Meinung ohne Umschweife klar äußern? Was auch immer es ist, was auch immer Ihnen einfällt – schreiben Sie es auf!

Personen mit einem starken Selbstbewusstsein sind nicht automatisch die erfolgreichsten, stärksten oder schönsten. Auch sie sind ganz normale Menschen – wie Sie und ich – und verfügen nicht nur über Stärken, sondern eben auch über Schwächen.

Auch sie ärgern sich manchmal über ihre Schwächen oder Fehler, aber sie arbeiten auch fortwährend an sich selbst. Zu einer Weiterentwicklung gehört immer harte Arbeit und darüber sind sich auch selbstbewusste Personen im Klaren.

Doch im Gegensatz zu weniger selbstbewussten Menschen fokussieren sie sich nicht permanent auf ihre Schwächen oder mögliche Probleme. Selbstbewusste Menschen sagen „Ja" zu sich selbst und nicht nur ein „Ja, aber..." Akzeptieren Sie also Ihre Grenzen, aber beginnen Sie gleichzeitig, aktiv auf Ihre Stärken zu setzen. Versuchen Sie nicht nur, die Schwächen zu bekämpfen, sondern konzentrieren Sie sich auf Ihr bestehendes Potenzial und nutzen Sie es!

Blicken Sie auf Ihre Stärken und Talente, nicht auf Schwächen und Makel!

Bereits in der Schulzeit lernen wir, die meiste Zeit jenen Fächern zu widmen, die uns eher weniger liegen, denn dort gibt es den meisten Handlungs- und Ausbaubedarf. Hier gilt es, sich intensiv damit zu beschäftigen, um bessere Noten zu bekommen.

Nicht selten wird dieses Verhalten auch nach der Schulzeit beibehalten. Infolgedessen neigen viele Menschen dazu, ihre Aufmerksamkeit auch weiterhin auf die Fähigkeiten und persönlichen Eigenschaften zu richten, die sie selbst als eher negativ und somit ausbaufähig einschätzen. Hierbei kann es um das optische Erscheinungsbild, um ein zu geringes monatliches Einkommen oder um ganz andere Dinge gehen. Der ständige Blick auf das, was (noch) nicht glatt läuft, führt jedoch dazu, dass man sich seinen Mitmenschen stark unterlegen fühlt, was wiederum das eigene Selbstbewusstsein untergräbt.

Mein Tipp:

Schauen Sie mehr auf Ihre positiven Fähigkeiten und Ihre guten Charaktereigenschaften! Was liegt Ihnen besonders? Finden Sie Ihre Stärken und stellen Sie diese gezielt in den Vordergrund! Widmen Sie Ihre Freizeit bewusst den Dingen, die Sie richtig gut können und die Ihnen Freude bereiten. Blenden Sie negative Gedanken oder Vorurteile anderer Mitmenschen aus.

Fragen Sie sich: „Was kann ich besonders gut?"
Die meisten Menschen haben auf diese Fragestellung keine spontane Antwort parat, hingegen könnten sie Fragen nach ihren Fehlern und Schwächen problemlos innerhalb von Sekunden beantworten.

Wenn wir dann doch etwas entdecken, was wir gut können, dann neigen wir dazu, es klein zu reden: „Ach, das ist doch wahrlich nichts Besonderes, das können andere bestimmt viel besser." Doch genau hier liegt der Denkfehler. Es ist wichtig, seine individuellen Begabungen und Talente zu finden und gezielt zu fördern. Beschäftigen Sie sich intensiv mit dem, was Ihnen liegt und versuchen Sie, sogar noch besser zu werden. Das wird Ihr Selbstbewusstsein reichlich fördern!

Zu diesen besonderen Fähigkeiten gehören nicht nur herausragende intellektuelle Leistungen oder solche, mit denen Sie viel Geld verdienen können. Zu den Stärken gehören auch Dinge, die Ihnen besonders viele Freude machen. Vergessen Sie in diesem Zusammenhang nicht: Was man mit Liebe tut, ist das, was glücklich macht – und auf diese Weise stärken Sie Stück für Stück Ihr Selbstbewusstsein.

9.2 WIE SEHEN SIE SICH SELBST & WIE SEHEN SIE ANDERE?

In diesem Kapitel möchte ich mich nun dem Selbst- sowie dem Fremdbild widmen. Das **Selbstbild** bezeichnet unser „inneres Bild", also wie wir uns selbst wahrnehmen, und wird gespeist von verschiedenen Erfahrungen, Fähigkeiten, Werten, Wünschen, der eigenen Körperwahrnehmung und dem Status.

Überlegen Sie bitte:
– Wie fühlen Sie sich zurzeit?
– Was macht Sie Ihrer Meinung nach als Mensch aus?
– Mit welchen fünf Eigenschaften würden Sie sich persönlich beschreiben?

– Welche Unvollkommenheiten nehmen Sie an sich selbst wahr?
– Welche drei Eigenschaften treffen überhaupt nicht auf Sie zu?
– Beschreiben Sie sich mit drei Worten.
– Sind Sie eher ein Optimist oder ein Pessimist?
– Was ist Ihre Vision – sozusagen das Ziel Ihres Lebens?
– Was motiviert Sie?
– Was behindert Sie im Leben?
– Welche Wünsche und Träume haben Sie für Ihr Leben?
– Was passt zu Ihnen?
– Nennen Sie sieben Stärken, die Sie besitzen.
– Was mögen Sie gar nicht an sich selbst?
– Welche Charaktereigenschaft hebt Sie von den Menschen in Ihrem Umfeld besonders ab?

Das Bild, das ein Mensch von sich selbst hat, beeinflusst zu einem sehr großen Teil das individuelle Potenzial, die eigene Gesundheit und die Leistungsfähigkeit. Wer ein negatives Selbstbild pflegt, geht nicht mit dem nötigen Elan und dem erforderlichen Selbstvertrauen an Aufgaben und Herausforderungen heran. Das Vertrauen in die eigene Person, in die Talente, Fähigkeiten und Möglichkeiten ist nicht vorhanden und somit können auch keine Bestresultate erzielt werden. Wer sich selbst nicht annehmen und nicht lieben kann, der hat auch große Probleme im Umgang mit anderen.

Das **Fremdbild** ist jenes Bild, das andere Menschen von uns haben: Wie sehen mich meine Mitmenschen und was denken andere über mich? Das Fremdbild entsteht durch die Sammlung von Wahrnehmungen, Beobachtungen und Emotionen anderer Mitmenschen über Sie.

So wie wir uns ein Bild von anderen machen, geschieht das auch umgekehrt. Bedenken Sie bitte immer: Durch „die Brille“ des anderen nehmen Sie nicht unbedingt die Wahrheit oder die Realität wahr, sondern erhalten nur ein sehr persönliches, subjektives Feedback von außen. Keines der beiden Bilder – weder die Selbst- noch die Fremdeinschätzung – muss auf Tatsachen beruhen. Im Grunde sind sowohl das Selbst- wie auch das Fremdbild nur das Resultat individueller Meinungen, Wertungen und Eindrücke.

Was haben Sie von sich selbst für ein Bild? Treffen Sie eine möglichst genaue und ehrliche Selbstanalyse. Haben Sie Mut, sich realistisch einzuschätzen und beschreiben Sie Ihr Bild von sich. Notieren Sie sich die Grundpfeiler Ihres Selbstbildes.

Nun geht es ans Fremdbild. Fragen Sie Ihre Mitmenschen wie zum Beispiel Familienangehörige, Freunde, Kollegen oder gute Bekannte nach deren Einschätzung Ihrer Person. Hören Sie aufmerksam zu und notieren Sie sich das Bild, das andere von Ihnen haben.

Versuchen Sie im Anschluss, die folgenden Fragen so ehrlich wie möglich zu beantworten:

– Wie sehen Ihre Mitmenschen Sie?
– Stimmen die Einschätzungen der anderen mit Ihren eigenen überein?
– Haben Sie den Wunsch oder das Gefühl, sich erklären oder rechtfertigen zu müssen?
– Halten Sie die Sicht der anderen für falsch?
– Sind Sie der Meinung, dass Ihr individuelles Potenzial gut eingeschätzt wird?
– In welchen Bereichen oder Situationen glauben Sie, deutlich anders zu sein oder zu reagieren als Ihre Mitmenschen?
– Welche Punkte haben Sie in der Beschreibung der anderen entdeckt, die Sie selbst auch schon unbedingt mal verändern wollten?
– Über welche Punkte sind Sie am meisten überrascht oder betroffen?
– Wie wirkt die Fremdeinschätzung Ihrer Mitmenschen auf Sie?

• Nutzen Sie Ihr Wissen!

Wie ein anderer Mensch aus Ihrem Umfeld Sie sieht, hängt von seinen bisherigen Erfahrungen mit Ihnen ab, aber auch von den persönlichen Erwartungen, die dieser Mensch an Sie stellt.

Es ist jedoch sehr wichtig, sich damit auseinanderzusetzen, wie uns die anderen sehen, und das Fremdbild mit der eigenen Selbsteinschätzung (dem Selbstbild) zu vergleichen.

Es bringt viele Vorteile, sich gezielt mit der Selbstbild-Fremdbild-Thematik auseinanderzusetzen:

- Sie können feststellen, ob Ihr Eindruck von sich - also Ihre Selbstwahrnehmung - korrekt ist.
- Sie erfahren, wie Sie auf Ihr Umfeld wirken, was sehr aufschlussreich sein kann. Im Anschluss liegt es an Ihnen, zu entscheiden, ob Sie zufrieden damit sind, wie Sie von anderen wahrgenommen werden, oder ob Sie etwas an Ihrer Außenwirkung verändern wollen.
- Anhand des Feedbacks, das Ihnen die Fremdeinschätzung der anderen liefert, können Sie auch vergangene Situationen wesentlich klarer einordnen und vielleicht auch die eine oder andere Reaktion eines Mitmenschen besser nachvollziehen.

• Fremdbild – konstruktives Feedback direkt aus dem persönlichen Umfeld

Bitten Sie Ihre Mitmenschen, ihr Feedback möglichst ehrlich und genau zu gestalten, denn schließlich soll es Ihnen zu einem stärkeren Selbstbewusstsein und einem besseren Selbstwertgefühl verhelfen.

Vergessen Sie in diesem Zusammenhang aber bitte nicht, dass kein „richtiges Bild" von Ihnen existiert. Jeder Mensch hat seine eigenen, subjektiven Eindrücke: So hat Ihr Chef ein bestimmtes Bild von Ihnen, während Ihre Freundin oder Ihre Eltern Sie wiederum ganz anders sehen. Alle Personen liegen mit ihrer Einschätzung „richtig", denn jeder einzelne von ihnen hat ein Recht auf seine eigene Meinung.

Der Gesamteindruck, den sich Ihre Umwelt über Sie bildet, entsteht aus den unterschiedlichsten Blickwinkeln heraus. Ob Sie an Ihrem Fremdbild etwas ändern möchten, hängt einzig von Ihnen ab. Wozu Sie das Feedback Ihrer Mitmenschen nutzen – ob Sie sich darüber ärgern, ob Sie sich auf dieser Grundlage weiterentwickeln möchten oder ob diese Informationen Ihr eigenes Selbstbild bestätigen – das liegt ganz an Ihnen.

So oder so: Konstruktive Kritik von anderen zu erhalten ist sehr wertvoll. Nur wer Fehler macht, kann auch aus ihnen lernen und sich weiterentwickeln. Menschen, die in ihrem Leben nie Kritik erfahren oder denen nie eine ehrliche Meinung mitgeteilt wird, verharren in ihrem Entwicklungsstand und sind nicht in der Lage, in ihrer Persönlichkeit weiter zu wachsen.

10. Tipps & Methoden für mehr Selbstbewusstsein

Selbstbewusstsein ist nicht nur im Beruf, sondern auch im ganz normalen Alltag von großer Bedeutung. Es gibt ein paar Übungen, die Ihnen dabei helfen können, Ihr Selbstbewusstsein zu stärken und sich so immer weiterzuentwickeln.

10.1 ATEMÜBUNGEN & MEDITATIONEN FÜR MEHR SELBSTBEWUSSTSEIN

Die nachfolgenden Tipps und Methoden können Sie jederzeit in Ihren Alltag integrieren. Probieren Sie einfach aus, mit welchen Übungen Sie sich am wohlsten fühlen und den besten Fortschritt spüren.

- **Atemübungen**

Eine korrekte Atmung kann dabei unterstützen, sich selbstsicher und selbstbewusst zu fühlen. Sie haben es bestimmt auch schon mal erlebt, dass sich Ihre Atmung der jeweiligen Situation anpasst, beispielsweise wenn Sie aufgeregt oder ängstlich sind. In solchen Momenten wird die Atmung situationsbedingt flacher und immer schneller. Gerade Personen, die ein mangelndes Selbstbewusstsein haben, reagieren besonders oft mit einer veränderten Atmung, wenn sie sich unwohl und unsicher fühlen. Diese Situationen lösen bei ihnen einen Stressfaktor aus. Genau dann kann eine gezielte Atemübung helfen, die Atmung wieder zu normalisieren.

Es gibt verschiedene Atem-Methoden, die Sie in stressigen Situationen anwenden können:

– *Nasenatmung:*

Bei dieser Technik wird ganz klassisch - aber bewusst - durch die Nase ein- und wieder ausgeatmet. Der große Vorteil bei dieser Methode ist, dass sie automatisch ein Gefühl der Entspannung vermittelt, wenn Sie sich auf ihre Atemzüge konzentrieren. Probieren Sie es einmal aus und Sie werden sehen, wie sich Ihr Stresslevel verringert und Sie innerlich ruhiger werden.

– *Bauchatmung:*

Diese Methode können Sie in jeder Situation ganz einfach ausführen. Atmen Sie tief ein und spüren, wie sich Ihr ganzer Bauch mit Sauerstoff füllt. Sie können auch eine Hand auf Ihrem Bauch platzieren, das hilft Ihnen zu überprüfen, ob Sie die Bauchatmung korrekt ausführen: Der Bauch wölbt sich deutlich nach außen. Lassen Sie die Luft langsam wieder herausfließen und nehmen Sie wahr, wie sich Ihr Bauch dabei senkt. Diese Atemtechnik kann Sie dabei unterstützen, in schwierigen oder stressigen Situationen Ruhe zu bewahren. Sie können sich so auf anstrengende, herausfordernde Situation vorbereiten oder auch zwischendurch immer wieder eine kleine „Atempause" einlegen.

Praxisteil

Brustkorbatmung:

1. Beginnen Sie diese Übung in einer bequemen Position.
2. Atmen Sie für zwei Atemzüge ein und wieder aus.

3. Legen Sie jetzt die Hände auf Ihren Brustkorb.
4. Atmen Sie wieder ein und spüren, wie sich Ihr Brustkorb weitet.
5. Halten Sie die Luft für 2-3 Sekunden an und atmen wieder aus.
6. Lassen Sie während der ganzen Übung die Hände auf Ihrem Brustkorb.
7. Diese Übung können Sie zu jeder Zeit durchführen, gerade auch dann, wenn Sie einmal unsicher oder gestresst sind.

Power-Atemübung

1. Kommen Sie in eine bequeme, sitzende oder liegende Position.
2. Schließen Sie Ihre Augen.
3. Atmen Sie jetzt 4 Sekunden lang tief ein.
4. Atmen Sie anschließend 7 Sekunden lang ganz tief aus. Zählen Sie dabei in Gedanken langsam mit.
5. Spüren Sie, wie sich Ihre ganze Lunge immer wieder mit Luft füllt und wieder abgibt.
6. Wiederholen Sie diese kleine Übung immer zwischendurch für 11 Mal.

• Meditationen

Diese Meditationstechnik können Sie problemlos in Ihren Alltag einfließen lassen.

Kleine Grund-Meditation

1. Stellen Sie einen Wecker auf 10 oder 15 Minuten; diese Zeitspanne können Sie später immer noch erweitern, wenn Sie es möchten.
2. Kommen Sie in eine bequeme, sitzende oder liegende Position. Schließen Sie Ihre Augen und atmen Sie langsam ein und wieder aus. Nehmen Sie ganz bewusst Ihre Atmung wahr und spüren Sie, wie Ihr Körper sich entspannt.
3. Nehmen Sie Ihre Atemzüge ganz intensiv wahr. Legen Sie gerne dabei die Hände auf Ihren Bauch.

4. Sie können sich jetzt immer wieder sagen: „Ich bin selbstbewusst!" oder „Ich bin liebenswert!" Falls Sie möchten, wählen Sie auch gerne ein anderes Mantra. Wichtig ist nur, dass es Sie positiv beflügelt.
5. Falls während der Meditation ablenkende Gedanken aufkommen, dann lassen Sie diese mit Ihrer Atmung einfach weiterziehen. Fokussieren Sie sich nicht darauf, sondern nehmen Sie sie nur wahr, während sie vorbeiziehen und entschwinden.
6. Es zählen jetzt nur Sie und Ihre Entspannung.
7. Nachdem der Wecker geklingelt hat, können Sie Ihre Augen öffnen. Lockern Sie noch einmal Ihre Schultern, kreisen Sie den Kopf ganz sanft von links nach rechts und gehen Sie mit einem Lächeln durch den Tag.

Spaziergangs-Meditation
1. Nehmen Sie sich hierfür auch 10 bis 15 Minuten Zeit.
2. Wählen Sie eine kurze Strecke aus, auf der Sie zur Ruhe kommen können.
3. Gehen Sie ganz langsam los und versuchen Sie, sich dabei auf Ihre Atmung zu konzentrieren.
4. Spüren Sie, wie Ihr gesamter Körper in Bewegung ist.
5. Sie können sich wieder ein kleines Mantra zurechtlegen wie zum Beispiel: „Ich bin glücklich in der Natur".
6. Sobald die Zeit vorbei ist, nehmen Sie noch ein paar tiefe Atemzüge und kehren gestärkt in den Alltag zurück.

Meditations-Oase
1. Bei dieser Übung geht es darum, die Stille zu genießen.
2. Kommen Sie in eine bequeme, sitzende oder liegende Position.
3. Schließen Sie die Augen und konzentrieren Sie sich auf Ihren Atem.
4. Versuchen Sie bitte, die nächsten zehn Minuten an nichts zu denken, achten Sie nur auf Ihre Atemzüge und genießen Sie die Stille.
5. Sie können diese Meditation im Laufe der Zeit auch weiter ausbauen, für den Anfang reichen aber zehn Minuten vollkommen aus. Falls während dieser Zeit Ihre Gedanken abschweifen, dann ist das kein Problem.

Konzentrieren Sie sich einfach weiter auf Ihren Atem und lassen Sie die Gedanken vorüberziehen.
6. Beenden Sie die Meditation, indem Sie die Augen öffnen und nochmals einige tiefe Atemzüge nehmen.

10.2 SCHÜCHTERN WAR GESTERN

Ein bisschen schüchtern ist wohl jeder einmal. Es gibt aber Personen, deren Alltag durch ihre Schüchternheit ziemlich eingeschränkt wird. Schüchterne Menschen stellen sich nicht in den Mittelpunkt und hören lieber zu, als das Gespräch zu leiten. In der heutigen Gesellschaft entsteht oftmals der Eindruck, dass Schüchternheit ein unüberwindbares Hindernis darstellt, doch diese Auffassung ist nicht richtig.

Selbst wenn Sie schon Ihr ganzes Leben etwas zögerlich und befangen sind, gibt es Tipps und Übungen, die Sie dabei unterstützen können, Ihre Zurückhaltung abzulegen.

Schüchternheit äußert sich durch folgende Charaktermerkmale:
– Betroffene Personen haben oft Angst, nicht akzeptiert zu werden, so wie sie sind.
– Sie schämen sich davor, etwas vor anderen zu tun, aus Angst, sich lächerlich zu machen.
– Sie sind oft unsicher im Umgang mit anderen Menschen und trauen sich nicht zu sprechen.
– Sie sind oft am Grübeln, wie sie auf andere wirken könnten.
– Sie werden ständig von Versagensängsten begleitet.
– Sie möchten keine Fehler machen.
– Gerade im Kontakt mit anderen Menschen sind sie sehr darauf bedacht, nicht negativ im Mittelpunkt zu stehen.

Das sind nur ein paar Merkmale, die schüchterne Menschen aufweisen. All diese Ängste und Befürchtungen sorgen dafür, dass Schüchternheit im Alltag eine Belastung und Einschränkung sein kann.

Wie können Sie Schüchternheit ablegen?

In den meisten Fällen beginnt Schüchternheit bereits in der Kindheit. Hierbei spielen der familiäre Einfluss und das Umfeld eine große Rolle. Kinder, die bereits früh mit anderen Menschen in Kontakt kommen, sind im späteren Leben deutlich offener und weniger zurückhaltend. Haben aber bereits die Eltern kaum soziale Kontakte, ziehen sich zurück oder sind sogar selbst introvertiert, ist die Wahrscheinlichkeit, dass auch das Kind schüchtern wird, umso größer.

Auch in diesem Bereich ist es wichtig, dass bereits im frühkindlichen Alter die Weichen für das spätere Leben in die richtige Richtung gestellt werden.

Das schüchterne Verhalten kann sich bereits in der Schule äußern. Die Kinder haben Angst, auf andere zuzugehen und mit ihnen zu sprechen.

Sie sind verlegen und unsicher, wenn es darum geht, vor der Klasse Referate zu halten oder eine andere Meinung zu vertreten. Im Erwachsenenalter haben die meisten dieser Menschen dann Probleme damit, Kritik anzunehmen. Sie leben in der ständigen Erwartungshaltung, alles perfekt machen zu müssen, und wollen Fehler um jeden Preis vermeiden. Situationen, in denen sie sich unwohl und unsicher fühlen, versuchen sie zu umgehen.

Sie brauchen jetzt keine Angst zu haben: Sie müssen nicht permanent mit Schüchternheit leben. Es gibt ein paar Übungen, die Ihnen dabei helfen können, Ihre Zurückhaltung nach und nach abzulegen.

4 Power-Übungen gegen Schüchternheit

Selbstanalyse

Sie möchten gerne offener und selbstbewusster werden und wissen nicht wie?

Ein wichtiger Schritt hierfür ist, dass Sie die Situationen analysieren, in denen Sie sich nicht wohlfühlen oder sehr zurückhaltend sind.

Notieren Sie sich auf einem Blatt Papier fünf solcher Begebenheiten aus der letzten Zeit, an die Sie sich erinnern können.

Jetzt überlegen Sie, wie Sie sich künftig gern in den jeweiligen Situationen verhalten würden und notieren auch das, gerne auf einem zweiten Zettel. Nehmen Sie den „Wunsch-Zettel" immer wieder zur Hand und lesen ihn sich durch. Reflektieren Sie gerne auch am Ende des Tages Ihr Verhalten und entlarven so weitere Situationen, die in Ihnen Unwohlsein hervorrufen. Finden Sie auch dazu ein gewünschtes Verhalten und notieren Sie es, wenn es Ihnen wichtig erscheint.

Stoppen Sie Ihr Gedankenkarussell

Ganz wichtig ist, dass Sie damit aufhören, ständig zu grübeln. Es gibt Situationen, die Sie nicht im Voraus planen können. Sie müssen einfach den Mut aufbringen, Dinge auszuprobieren.

Wenn Sie ein Mensch sind, der alles gerne vorab bis ins kleinste Detail plant, vergeuden Sie damit wertvolle Lebenszeit. Denn oft kommt dann alles anders, als man es erdacht hat und Sie stehen erst recht wieder vor einer neuen Herausforderung. Versuchen Sie deshalb, sich nicht zu viele Gedanken zu machen und einfach mit Freude an Neues heranzugehen. Es ist noch nirgendwo ein Meister vom Himmel gefallen.

Probieren Sie beispielsweise das nächste Mal, wenn Sie einen Ausflug machen, alles spontan geschehen zu lassen. Fahren Sie einfach ins Blaue, halten Sie dort, wo es Ihnen gefällt und lassen Sie sich überraschen. Genießen Sie Ihr Leben bewusst, ohne ständig über das zu grübeln, was vielleicht sowieso nicht eintreffen wird.

Lachen Sie öfters über sich selbst

Schüchterne Menschen neigen dazu, permanent über sich selbst nachzudenken. Sie versuchen immer wieder, keine Fehler zu machen und nicht in Fettnäpfchen zu treten. Haben Sie auch oft Bedenken, sich vor anderen zu blamieren? Hören Sie auf zu denken und gehen Sie ganz locker an die Situation heran. Wohl jeder Mensch hat sich im Leben schon einmal bloßgestellt oder etwas Peinliches gesagt. Solche Situationen gibt es immer wieder, und genau das ist menschlich. Niemand ist perfekt und das ist auch gut so. Sie sind eine einzigartige Persönlichkeit, trauen Sie sich nur mehr zu und hören Sie damit auf, ständig Ihre Gedanken um sich selbst kreisen zu lassen. Schüchterne Personen denken oftmals, dass auch die anderen immer über sie nachdenken und sich ihre Meinung bilden. In den meisten Fällen stimmt das aber absolut nicht.

Das, was für viele Menschen völlig normal und unproblematisch ist, kann für Schüchterne zu einer unüberwindbaren Hürde werden.

Probieren Sie doch mal, über sich selbst zu lachen. Gehen Sie Situationen, in denen mal etwas peinlich werden könnte, nicht aus dem Weg, sondern nehmen Sie es locker. Sie werden sehen, welche Last von Ihren Schultern fällt, wenn Sie erkennen, dass Sie sich selbst nicht immer so wichtig nehmen müssen.

Veränderung beginnt im Kopf

Eine große Problematik ist, dass zurückhaltende, vorsichtige Personen sich immer wieder einreden, dass sie schüchtern sind. Die Schüchternheit ist aber etwas, das Sie gut in den Griff bekommen können, wenn Sie es wirklich möchten. Ein wichtiger Schritt ist, sich immer wieder zu sagen, dass Sie NICHT schüchtern sind. Wenn Sie ständig nur an Ihre Unsicherheit und Ängstlichkeit denken, löst das in weiterer Folge eine innere Blockade bei Ihnen aus.

Fremde Personen ansprechen

Der Mensch braucht nichts so sehr wie ein funktionierendes soziales Umfeld. Es gibt Personen, denen fällt es überhaupt nicht schwer, Ihnen unbekannte Menschen anzusprechen. Für andere ist es nahezu unmöglich, soziale Kontakte zu knüpfen.

Gerade im täglichen Leben ist es wichtig, mit Menschen in Kontakt zu treten. Vielleicht entstehen aus solchen ersten Kontakten später bereichernde Freundschaften. Im Berufsleben sind sie für das Netzwerken sehr wichtig. Im schlechtesten Fall haben Sie zumindest wertvolle Gespräche mit anderen Menschen geführt.

Die nachfolgenden Tipps helfen Ihnen dabei, fremde Personen anzusprechen:

- **Übung macht den Meister**

Die erste Schwierigkeit besteht immer in der Überwindung.
Beginnen Sie ein erstes Gespräch nicht mit zu hohen Erwartungen. Es geht nicht vorrangig darum, Freunde fürs Leben zu finden, sondern um eine nette, vielleicht sogar bereichernde Unterhaltung.

Bleiben Sie ganz locker, wenn Sie versuchen einen Smalltalk zu beginnen. Die ersten Bemühungen können ruhig noch etwas holprig, unsicher oder vorsichtig sein. Sie werden sehen, je öfter Sie so etwas machen, umso einfacher wird es.

Beginnen Sie also ruhig mit einer kleinen Übung:
Sprechen Sie auf der Straße Menschen an und fragen sie nach Kleinigkeiten, beispielsweise nach einer Wegbeschreibung, einem bestimmten Lokal oder einem Kaufhaus. Mithilfe dieser Übung werden Sie langsam die Angst davor verlieren, fremde Personen anzusprechen. Sie müssen keine langen, ergreifenden Gespräche führen, sondern es zählt die Überwindung. Versuchen Sie, sich im Alltag immer wieder solchen Situationen zu stellen. Je mehr Sie üben, desto besser wird es Ihnen gelingen.

Folgende Gelegenheiten bieten sich beispielsweise an, um ganz ungezwungen mit fremden Personen ins Gespräch zu kommen:
– Wartezeiten auf die U-Bahn oder den Bus eignen sich optimal für einen kleinen Smalltalk mit anderen Wartenden.
– Vielleicht gibt es in Ihrer Arbeit viele Abteilungen, mit denen Sie nichts zu tun haben. Sprechen Sie doch einmal einen Kollegen an, mit dem Sie bis jetzt noch keine Worte gewechselt haben, und kommen locker mit ihm ins Gespräch.
– Suchen Sie sich weitere ungezwungene Situationen, wo Sie sich im Smalltalk üben können.

– Bei einem Spaziergang können Sie probieren, jemanden anzusprechen und Smalltalk zu machen. Besonders eignen sich hier Leute mit Hunden oder Kindern. Wenn Sie lobende Worte fallen lassen, kommen Sie sehr einfach ins Gespräch.

• Analysieren Sie Ihr Verhalten

Haben Sie Angst vor der nächsten Situation, in der Sie jemanden ansprechen sollen? Es gibt einen Unterschied zwischen dem, was Sie ungern machen, und der Angst davor, es zu tun.

Bevor Sie damit beginnen, jemanden anzusprechen, sollten Sie Ihre Ängste genau analysieren. Nehmen Sie sich hierfür ein paar Minuten Zeit.

Beantworten Sie die folgenden Fragen und notieren Sie die Antworten auf einem Blatt Papier:

– Was kann passieren, wenn Sie einen Fremden ansprechen? Stellen Sie sich vor: Sie sind in der U-Bahn und sprechen die Person neben Ihnen an. Was kann im schlimmsten Fall geschehen?

– Wovor haben Sie Angst? Fürchten Sie, sich zu blamieren?

– Wieso ist es für Sie so schlimm, sich zu blamieren oder in eine peinliche Situation zu geraten?

– Überlegen Sie, welche Auswirkungen das auf Ihr weiteres Leben haben könnte?

– Was ist das Schlimmste, das eintreten kann? Wie würde sich Ihr Alltag dadurch verändern?

Versuchen Sie, den Fokus nicht auf das zu richten, was an Peinlichkeiten passieren kann, sondern darauf, dass Sie es geschafft haben, jemanden anzusprechen.

Sehen Sie hier den positiven Effekt und nicht Ihr vermeintliches Versagen. Im Leben passieren so viele Dinge, die nicht wie gewünscht funktionieren oder sogar peinlich ausgehen - das ist absolut normal und überhaupt kein Problem. Gehen Sie ganz locker damit um und achten Sie auf die Vorteile, die es Ihnen bringt, fremde Personen anzusprechen.

• Das kleine 1x1 für das Knüpfen von Beziehungen

Es gibt ein paar kleine Grundregeln, die Ihnen dabei helfen können, Kontakte herzustellen. Zuerst einmal ist es wichtig, dass Sie gerne offener werden möchten. Die erste Veränderung beginnt bereits in den Gedanken.

Die Grundpfeiler sind:

• **Blickkontakt**: Versuchen Sie mit der ausgewählten Person Blickkontakt aufzunehmen.

• **Erstkontakt**: Sobald Ihr Gegenüber den Blickkontakt erwidert, sollten Sie den Anfang machen. Je nach Situation reicht hier eine einfache Begrüßung aus.

• **Interesse zeigen:** Nach der Begrüßung und der ersten Kontaktaufnahme folgt die Konversation. Stellen Sie jetzt eine Frage. Wenn Sie jemanden im Restaurant ansprechen, dann könnten Sie beispielsweise fragen: „Waren Sie schon einmal hier in diesem Restaurant?" Für einen ersten Kontakt können Sie je nach Situation verschiedene Fragen stellen und zum Beispiel nach dem Weg fragen oder sich ein Lokal empfehlen lassen.

• **Kompliment:** Nachdem Sie ins Gespräch gekommen sind, können Sie der Situation angepasst ein kleines Kompliment machen: „Ihr Essen sieht sehr lecker aus, ich glaube, das werde ich auch nehmen" oder „Sie haben ja tolle Schuhe an, die stehen Ihnen sehr gut". Falls möglich, können Sie auch kleine Gemeinsamkeiten benennen, wie zum Beispiel das gleiche Gericht im Restaurant, ebenfalls Brillenträger oder Ähnliches.

• **Aktive Kommunikation:** Sobald das Gespräch in Gang gekommen ist, können Sie mit der weiteren Kommunikation beginnen. Wichtig ist jetzt, dass Sie zuerst eine Frage stellen. Um beim Beispiel im Restaurant zu bleiben, könnte das folgendermaßen aussehen:

A: „Ach wirklich, das ist Ihr Stamm-Restaurant. Das ist ja sehr interessant. Haben Sie denn ein Lieblingsgericht, das Sie mir empfehlen könnten?"

B: „Ja, ich esse sehr gerne die hausgemachte Spinat-Lasagne."

A: „Das hört sich sehr gut an. Ich war vor einiger Zeit in einem Restaurant am Marktplatz, dort habe ich verschiedenste Lasagne-Variationen gesehen. Kennen Sie das Lokal vielleicht auch?"

Gestalten Sie die Kommunikation ganz ungezwungen und frei. Versuchen Sie, immer auf die Antworten und Fragen des Gegenübers einzugehen. So können Sie dafür sorgen, dass das Gespräch in Gang bleibt und Sie eine angenehme Kommunikation führen.

10.3 BYE, BYE, SELBSTZWEIFEL

1. Fokussieren Sie sich auf Ihre Sternstunden

Wenn sich Selbstzweifel breit machen, neigen wir Menschen dazu, unsere Erfolgserlebnisse vollständig zu vergessen. Es gibt jedoch mit Sicherheit vieles, was Ihnen bislang sehr gut gelungen ist und worauf Sie stolz sein können.

Übung:
Gehen Sie Ihre „Sternstunden" in Gedanken nochmals durch und notieren Sie sich mindestens zwei solcher Erfolgserlebnisse.

2. Lernen Sie, mit Fehlern umzugehen

Menschen mit starken Selbstzweifeln leben in ständiger Angst, etwas Falsches zu sagen oder zu tun. Doch Fehler sind absolut kein Weltuntergang – im Gegenteil, sie gehören zum Leben mit dazu. Fehler sind uns eine Lehre für die Zukunft, lassen uns wachsen und bringen uns somit ein großes Stück vorwärts. Lassen Sie sich von einem Missgeschick oder einem kleinen Malheur auf keinen Fall runterziehen, sondern betrachten Sie es als positives Feedback.

Übung:
Machen Sie sich immer wieder bewusst, dass Fehler nicht Ihre Persönlichkeit infrage stellen!

3. Visualisieren Sie Ihre Stärken

Kennen Sie Ihre eigenen Fähigkeiten und Talente? Oder neigen Sie dazu, hauptsächlich Ihre Schwächen und vermeintlichen Fehler in den Vordergrund zu rücken?

Übung:
Richten Sie Ihren Fokus ganz neu aus und werden Sie sich Ihrer Stärken bewusst.

Schreiben Sie auf, was Ihnen besonders leichtfällt, was Sie sehr gut können und in welchen Bereichen Sie von anderen Menschen um Rat gefragt werden.

Notieren Sie auch, was Sie selbst an sich am meisten mögen.

4. Sorgen Sie für ausreichend Bewegung

Bauen Sie eine gute und positive Beziehung zu Ihrem eigenen Körper auf! Nehmen Sie sich Zeit für Ihren Körper, Sie haben nur den einen! Nehmen Sie sich Zeit und pflegen ihn – von innen wie von außen – denn schließlich möchten Sie sich in ihm ja wohlfühlen. Sport und körperliche Aktivität wirkt sich nicht nur positiv auf Ihre Gesundheit und Ihr äußeres Erscheinungsbild aus, sondern auch auf Ihre Selbstwahrnehmung. Mit Bewegung können Sie Energielöcher und Müdigkeit überwinden. Gehen Sie eine Runde joggen, machen Sie eine Fahrradtour, betätigen Sie sich im Fitnessstudio oder ziehen Sie ein paar Bahnen im kühlen Nass.

Auch ein Spaziergang durch die wunderschöne Natur ist äußerst wohltuend für Körper und Geist. Sie werden sich danach wesentlich besser, vitaler und energiegeladener fühlen. Wenn Sie aktiv und in Bewegung bleiben, stärken Sie von Tag zu Tag Ihre Beziehung zu sich selbst und gelangen so zu echter Lebensfreude.

5. Achten Sie auch im Alltag oder zu Hause auf Ihre Körperhaltung!

Haben Sie schon einmal beobachtet, welchen Zusammenhang es zwischen Ihrer Körperhaltung und Ihrer Stimmungslage gibt?

Halten Sie Ihren Rücken gerade und blicken Sie nach vorne. Ziehen Sie Ihre Schultern nach hinten und drücken Sie die Brust heraus. Wie geht es Ihnen dabei?

Spüren Sie, wie Sie sich gleich stärker und innerlich größer fühlen? Genau dieses Gefühl strahlen Sie auch nach außen hin aus und werden so von Ihren Mitmenschen wahrgenommen. Achten Sie gerade zu Beginn immer wieder bewusst auf Ihre Körperhaltung. Bald wird Ihnen die aufrechte, selbstbewusste Haltung in Fleisch und Blut übergehen und Sie werden sich entspannt und gut fühlen.

10.4 ZIELE MACHEN SELBSTBEWUSST

Ziele sind für den Menschen unerlässlich. Es ist nicht nur erfüllend, sich Ziele zu setzen, sondern das Erreichen dieser stärkt auch Ihr Selbstbewusstsein und -vertrauen. Kennen Sie die SMART-Methode? Diese Technik ist eine Hilfestellung zur Formulierung von klaren, messbaren Zielen und verschafft Ihnen ein ganz konkretes Bild Ihrer gewünschten Ergebnisse.

• Die fünf Buchstaben SMART sind eine Abkürzung für die folgenden Zielkriterien:

S – spezifisch

Formulieren Sie Ihre Ziele so konkret wie nur möglich. Anstatt „Ich möchte selbstbewusster sein" oder „Ich möchte besser mit Stress umgehen", sagen Sie: „Ich möchte mir jeden Tag 15 Minuten Zeit nehmen, um mein Selbstbewusstsein zu stärken."

M – messbar

Sie müssen genau wissen, unter welchen Umständen Sie Ihre Ziele erreichen können. Das bedeutet also, dass Ziele immer messbar sein sollten, wie zum Beispiel: „Ich möchte an vier Tagen pro Woche Übungen für mehr Selbstbewusstsein machen" oder „Ich werde einen dreimonatigen Wochenendkurs für mehr Selbstvertrauen bei einem Coach absolvieren."

Tipp: Tragen Sie Ihre Ziele in einem Kalender oder einem Tagebuch ein, wo Sie diese stets vor Augen haben und nachlesen können.

A – attraktiv

Sie sollten Ziele immer attraktiv, also positiv formulieren, denn das erhöht die Motivation und lässt Sie am Ball bleiben. Sagen Sie sich also nicht „Ich möchte selbstbewusster sein", sondern „Ich werde mein Selbstbewusstsein steigern, indem ich jeden Sonntag bewusst meine Übungen absolviere."

R – realistisch

Formulieren Sie Ihre Ziele realistisch, das heißt, sie sollten auch wirklich erreichbar für Sie sein. Wenn Sie ein größeres Ziel haben, macht es in jedem Fall Sinn, es in kleinere Etappenziele zu unterteilen. Wenn Sie zum Beispiel mehr Selbstbewusstsein entwickeln wollen, sollten Sie nicht erwarten, dies innerhalb einer Woche zu erreichen. Unrealistische Ziele mindern Ihre Motivation und Sie geben auf, bevor Sie Ihr Vorhaben erfolgreich beenden können. Besser sind kleinere, aber umsetzbare Ziele, denn die Erfolgserlebnisse beim Erreichen der Zwischenschritte bewirken, dass Ihr innerer Antrieb nicht nachlässt.

T – terminiert

Bis wann möchten Sie Ihr Ziel erreicht haben? Legen Sie für sich selbst ein konkretes Datum fest, bis wann Sie Ihre Vorsätze und Pläne realisieren wollen. Auf diese Weise können Sie sicherstellen, Ihre Ziele und Wünsche nicht endlos vor sich herzuschieben. Eine klar umrissene Zeitspanne steigert definitiv Ihre Motivation und somit natürlich auch Ihren Erfolg!

• Sortieren Sie Ziele richtig!

Sortieren Sie Ihre Ziele nach Größe und nach Dringlichkeit. Überlegen Sie, was in Ihrem Leben Priorität hat und keinen weiteren Aufschub duldet. Unterteilen Sie zu umfangreiche Ziele in weniger große Etappen, um Ihren Antrieb nicht zu verlieren. Sie können Ihre Ziele je nach Bedarf immer wieder anpassen oder verändern. Fordern Sie sich ruhig, doch überfordern Sie sich nicht! Sie werden überrascht sein, wie viel unentdecktes Potential in Ihnen steckt.

• Selbstmotivation

Ziele zu formulieren ist zwar lobenswert, doch viel schwieriger ist es, sich selbst dauerhaft zu motivieren, um diese Ziele auch wirklich zu erreichen.

Unsere Motive können ganz unterschiedlich sein. In den meisten Fällen richten wir unseren Blick auf eine Belohnung, die uns in Aussicht gestellt wird. Das „Wenn-dann-Mindset" ist aber nicht zielführend. Sätze wie „Wenn ich erst einmal XY erreicht habe, dann werde ich viel glücklicher sein!" oder „Wenn ich mein Traumgewicht erreicht habe, dann werde ich viel zufriedener und selbstbewusster sein!" haben eine fatale Wirkung auf die Selbstmotivation. Mit einem solchen Mindset belügen wir uns nur selbst.

Natürlich sind Belohnungen – materieller wie auch immaterieller Art – ein wichtiges Motivationsinstrument. Doch wir sollten uns auch für kleine, erreichte Zwischenziele immer selbst belohnen. Die innere (intrinsische) Motivation ist viel wichtiger als die externe (extrinsische).

• Geben Sie Ihrem Leben bewusst eine klare Richtung

Solange Sie ständig versuchen, die Erwartungen Ihres Umfelds zu erfüllen, werden Sie sich wie fremdgesteuert fühlen und niemals hundertprozentig frei sein.

In unserer Gesellschaft ist man stets ein Stück weit von anderen abhängig. Wenn Sie beispielsweise ein eigenes Unternehmen führen, so müssen Sie stetig Neukunden an Land ziehen und Anfragen abarbeiten. Im Berufsleben unterliegen Sie immer bestimmten Entscheidungsprozessen und Hierarchien.

Wichtig ist jedoch, dem eigenen Leben eine klare Richtung zu geben und sich nicht komplett von anderen führen zu lassen. Sich hin und von Mitmenschen „mitreißen", sich von ihrer Begeisterung anstecken zu lassen, bedeutet allerdings noch lange nicht, seine individuelle innere Freiheit einzubüßen. Gestalten Sie einfach Ihren Lebens- und Berufsweg mit Souveränität und Selbstbewusstsein.

• Powermotivation beginnt immer im Kopf

Wenn Sie sich gar nicht erst vorstellen können, dass Sie in der Lage sind, etwas zu erreichen, dann wird es für Sie auch keinen Grund geben, es zu versuchen und - wenn nötig - sogar darum zu kämpfen. Folglich ist es sehr wichtig, das eigene Mindset auf Erfolg zu programmieren. Aktivieren Sie Ihren wichtigsten und wertvollsten Motor: die intrinsische Motivation. Nutzen Sie die starke Kraft Ihrer inneren Bilder. Beispielsweise könnte künftig ihr Tag so beginnen: Sie setzten sich an Ihren

Lieblingsplatz und schließen für einen Moment die Augen. Sie überlegen, was Sie vom aktuellen Tag erwarten. Was möchten Sie heute anpacken und mit Erfolg meistern? Malen Sie in Ihrer Vorstellung ganz klare, möglichst lebhafte, innere Bilder. Je realer es sich anfühlt, desto besser.

Machen Sie diese kleine Übung zu einem festen Bestandteil Ihrer Morgenroutine. Auf diese Weise starten Sie motiviert, vital und voller positiver Energie in den Tag.

• Sagen Sie „Ja" zum Guten

Fällt es Ihnen schwer, Komplimente von anderen und auch von sich selbst anzunehmen? Sind Sie zum Beispiel problemlos in der Lage, anderen Menschen gegenüber offen auszusprechen, dass Sie etwas richtig gut können?

Erlauben Sie sich ruhig einmal selbst, auf einem Gebiet der Experte zu sein und freuen Sie sich über Ihre Talente!

Sagen Sie „Ja" zu Ihrem eigenen Ich, zu Ihren Stärken, aber akzeptieren Sie auch Ihre Grenzen. Machen Sie sich nicht unnötig klein, nicht vor anderen und auch nicht vor sich selbst, sondern nehmen Sie sich einfach an, mit all Ihren Stärken und Schwächen.

• Seien Sie stolz auf sich selbst

Was ist Ihnen bislang im Leben gut gelungen? Worauf sind Sie besonders stolz? Was ist das Beste und Großartigste, das Sie im Leben vollbracht haben?

– Sind Sie vielleicht stolze Mama oder glücklicher Papa?
– Haben Sie eine erfolgreiche Präsentation vor vielen Kollegen und Vorgesetzten gehalten?
– Haben Sie ein erfolgreiches Unternehmen gegründet?
– Welche Medaille würden Sie sich für Ihre Top-Leistung selbst verleihen, wenn es eine Auszeichnung gäbe? Wäre es Gold, Silber oder Bronze?

Eine kleine Übung für zwischendurch: Versuchen Sie doch einmal Ihre Top-Errungenschaft im Leben zu zeichnen. Hängen Sie dieses Bild irgendwo im Haus oder im Büro auf, wo Sie es immer wieder sehen können. Indem Sie Ihren größten Erfolg immer vor Augen haben, sind Sie motiviert und bereit für neue Herausforderungen. So können Sie ein selbstbewusster Kämpfer werden!

• Dank der richtigen Motive erlangen Sie die nötige Energie für Ihre Zielerreichung

Ein Motiv ist der Grund für ein Verhalten. Durch Motive erhalten Sie die nötige Energie zum Handeln. Sie sind das Fundament, auf dem unser Tun basiert. Es gibt drei Grundmotive: das Leistungsmotiv (die Verbesserung der eigenen Fähigkeiten), das Machtmotiv (das Streben nach Kontrolle und Anerkennung) und das Anschlussmotiv (das Aufrechterhalten bestehender oder das Knüpfen neuer, zwischenmenschlicher Beziehungen). Jeder Mensch besitzt diese drei Motive, allerdings in unterschiedlich starker Ausprägung. Versuchen Sie zu analysieren, welches Motiv bei Ihnen am vorherrschendsten ist, denn dann wissen Sie, wie Sie sich künftig am besten motivieren können.

• Werden Sie sich zentraler Werte bewusst

Unsere Werte geben unserem Leben eine feste Richtung. Sie sind das solide Fundament unseres Verhaltens in den verschiedenen Situationen des Lebens und geben uns einen festen Handlungsrahmen. Die Werte eines Menschen drücken aus, was diesem besonders wichtig ist. Im Grunde sind Werte nichts anderes als persönliche Überzeugungen, sozusagen der Maßstab unseres eigenen Gewissens. Glück, Zufriedenheit, echter Erfolg und innere Erfüllung können langfristig nur entstehen, wenn wir in Einklang mit unseren individuellen Werten leben.

– Welche Werte sind Ihnen besonders wichtig?
– Welche Wertvorstellungen begleiten Sie schon Ihr ganzes Leben lang?

Versuchen Sie, diese exakt zu fokussieren, um auf diese Weise Ihre eigene Identität aufzuspüren. Bestimmen Sie für sich die wichtigsten fünf Werte, die Ihnen besonders am Herzen liegen und an denen Sie sich künftig orientieren möchten.

10.5 SELBSTSICHER IM VORSTELLUNGSGESPRÄCH

Bewerbungsgespräche sind oftmals eine Herausforderung, besonders dann, wenn Sie ein zu geringes Selbstbewusstsein haben.

Nachfolgend erhalten Sie ein paar Tipps, wie Sie Ihr nächstes Vorstellungsgespräch mit Bravour meistern:

• Visualisieren Sie bisherige Bestleistungen

Bevor Sie sich auf die negativen Aspekte konzentrieren, sollten Sie sich Ihre bisherigen Erfolge vor Augen halten. Besinnen Sie sich auf das, was Sie bisher erreicht haben. Notieren Sie sich auf einem Blatt Papier die bedeutsamsten beruflichen Stationen in Ihrem Leben. Was haben Sie alles realisiert, in welchen Positionen waren Sie tätig? Was sind Ihre Stärken und Talente?

Visualisieren Sie Ihre Erfolge und fokussieren sich darauf. Durch den richtigen Blickwinkel lernen Sie wieder, sich auf das Positive zu konzentrieren. Rufen Sie direkt vor dem Bewerbungstermin Ihre Notizen nochmals gedanklich ab - und Sie werden voller Selbstbewusstsein in das Gespräch gehen.

• Treten Sie selbstbewusst auf

Ein unsicheres oder schüchternes Auftreten ist ein Fehler, den viele Bewerber machen.

– Achten Sie darauf, aufrecht zu stehen (oder zu sitzen) und mit klarer und deutlicher Stimme zu sprechen. Das vermittelt Ihrem Gegenüber Selbstsicherheit und Sie werden bewusst wahrgenommen.

– Versuchen Sie, während der Unterhaltung mit Ihren Gesprächspartnern Blickkontakt zu halten und nicht zu Boden zu schauen.
– Lassen Sie sich bei Fragen, die Ihnen gestellt werden, ruhig kurz Zeit und antworten Sie mit Bedacht und selbstbewusst. Stehen Sie zu dem, was Sie sagen.

• Analysieren Sie Ihre bisherigen Vorstellungsgespräche

Machen Sie sich Gedanken darüber, was Sie in Ihren bisherigen Vorstellungsgesprächen als besonders problematisch empfunden haben. Waren Sie vielleicht unsicher oder zu introvertiert, weil Sie Angst vor höhergestellten Personen haben? Oder sprachen Sie stotternd und abgehakt, aus Furcht etwas Falsches zu sagen? Dann wäre es jetzt an der Zeit, sich nochmals ganz genau vorzubereiten. Werden Sie sich Ihrer Stärken bewusst und lenken Sie Ihren Fokus darauf. Analysieren Sie Ihre bisherigen Vorstellungsgespräche und überlegen Sie sich, was Sie anders machen oder verbessern könnten.

• Zuverlässigkeit ist das A und O

Wenn Sie einen Termin für ein Vorstellungsgespräch haben, dann sollten Sie unbedingt pünktlich sein. Planen Sie lieber etwas mehr Zeit ein und erscheinen früher – das ist besser, als zu spät zu kommen. Der erste Eindruck ist meist der entscheidende und wenn Sie hier bereits mit Unpünktlichkeit beginnen, dann sammeln Sie schon vor Beginn des Gesprächs dicke Minuspunkte.

• Bereiten Sie sich ausgiebig auf das Gespräch vor

Damit Sie als souverän wahrgenommen werden, sollten Sie genau wissen, wovon Sie sprechen. Informieren Sie sich vor dem Termin ganz intensiv über alle wichtigen Details zum Unternehmen und zur ausgeschriebenen Position. Oft werden Sie gefragt, warum Sie sich für genau diese Firma / diese Stelle bewerben. Nun sollten Sie eine aussagekräftige Antwort parat haben, denn nur so werden Sie auch ernstgenommen.

• Vertreten Sie Ihre eigene Meinung

Selbstsicherheit bedeutet auch, dass Sie zu Ihrer eigenen Meinung stehen. Es gibt immer Situationen, in denen andere nicht Ihrer Ansicht sind oder Ihre Ideen und Vorstellungen nicht gut finden. Bleiben Sie trotzdem standhaft und stehen Sie dazu. Es ist nicht schlimm, wenn es unterschiedliche Meinungen gibt, wichtig ist nur, dass Sie selbst als Individuum wahrgenommen werden.

• Achten Sie auf eine deutliche Aussprache

Souverän sind Sie dann, wenn Vorgesetzte und Kollegen Sie verstehen. Sprechen Sie daher immer langsam und deutlich. Achten Sie darauf, dass Ihre Gesprächspartner Sie gut verstehen können.

• Aufrechte Haltung

Sobald Sie sich klein machen und in sich zusammensinken, wirken Sie nicht mehr selbstsicher. Stehen Sie immer gerade, nehmen Sie Ihre Schulterblätter nach hinten und richten Sie Ihr Kinn etwas auf. Stellen Sie sich ruhig einmal vor den Spiegel und schauen sich selbst dabei an. Merken Sie, wie sich Ihr Auftreten gleich verändert? Souveränität können Sie also durch eine aufrechte Körperhaltung ausdrücken. Achten Sie auch im Sitzen darauf, einen geraden Rücken zu machen und nicht nach vorne zu fallen oder am Sessel zu lümmeln.

11. Wechselspiel Selbstbewusstsein & Beziehungen

Jeder Mensch braucht gut funktionierende, zwischenmenschliche Beziehungen. Ein geringes Selbstbewusstsein kann dazu führen, dass genau dieser Bereich leidet. Die Familie sowie Freunde, Kollegen und Bekannte können durch ein mangelndes Selbstbewusstsein negativ beeinflusst werden. Auch Paarbeziehungen funktionieren nicht mehr ausgeglichen, wenn einer der Partner ein zu geringes Selbstwertgefühl besitzt.

• Die negativen Einflüsse von mangelndem Selbstbewusstsein auf eine Paarbeziehung

Gerade in einer Beziehung ist es wichtig, dass Sie selbst wissen, wer Sie sind. Sie brauchen eine gewisse „Personality“, damit die Beziehung funktionieren kann.

Personen, die sich selbst nicht für wichtig nehmen oder sich minderwertig fühlen, werden dieses Gefühl auch auf ihr Gegenüber übertragen. Damit Ihr Partner oder Ihre Partnerin mit Ihnen eine erfüllende Beziehung leben kann, müssen Sie sich Ihrer selbst bewusst sein. Nur so können Sie sicherstellen, dass Sie auch Ihr Gegenüber mit all seinen Wünschen, Bedürfnissen, Sorgen und Ängsten wahrnehmen.

Eine Partnerschaft ist immer ein Geben und Nehmen, doch nur wenn Sie achtsam und liebevoll mit sich selbst umgehen, können Sie das auch Ihrem Partner vermitteln. Beim Selbstbewusstsein geht es vor allem darum, zu wissen, was man gerne mag und was nicht. Was sind Ihre Vorlieben, welche Erwartungen haben Sie? Was wünschen Sie sich in einer Partnerschaft? Welche Bedürfnisse stehen bei Ihnen im Vordergrund?

In jeder zwischenmenschlichen Beziehung kann es natürlich auch einmal zu Streitereien kommen. Diese müssen nicht immer einen schwerwiegenden Grund haben, oft sind es Kleinigkeiten, die dafür sorgen, dass ein Konflikt entsteht. Selbstbewusste Personen sind in solchen Momenten in der Lage, den Streit sachlich zu bewerten und nicht auf sich persönlich zu beziehen. Mangelt es an Selbstbewusstsein, neigt man dazu, sich angegriffen zu fühlen und beginnt, an sich selbst zu zweifeln. Ein solches Verhalten kann ein großes Frustpotenzial für beide Partner sein. Der eine fühlt sich immer persönlich angegriffen und der andere hat das Gefühl, keine Kritik äußern zu können, ohne dass sich ein Drama daraus entwickelt.

Ein weiteres Problem kann durch emotionale Abhängigkeit des einen Partners vom anderen entstehen. Mangelndes Selbstbewusstsein kann zu einem großen Hindernis in einer Paarbeziehung werden. Eine zwischenmenschliche Beziehung sollte frei von Abhängigkeit, Einengung und bewusst herbeigeführten Verletzungen sein. Seien Sie sich selbst der beste Freund, dann können Sie auch eine erfüllende Partnerschaft führen.

• Die positiven Auswirkungen einer Paarbeziehung auf das Selbstbewusstsein

Eine Partnerschaft vermittelt gerade am Anfang ein beflügelndes Gefühl. Schließen Sie einmal kurz Ihre Augen und denken Sie daran, als Sie das letzte Mal richtig verliebt waren. Welche Gefühle können Sie spüren? Fühlt es sich gut an?

Eine funktionierende Beziehung hat fast immer positive Auswirkungen auf Ihr Selbstbewusstsein. Was gibt es Schöneres als das Gefühl, akzeptiert und geliebt zu werden? Ihr Partner liebt Sie bedingungslos und ohne Hintergedanken. Er kennt Ihre Stärken und Schwächen und Sie können sein, wie Sie wirklich sind.

Diese Emotionen lassen Ihr Selbstbewusstsein steigen und helfen Ihnen dabei zu erkennen, welchen Wert Sie in dieser Welt und in der Partnerschaft haben.

• Wie kann eine Paarbeziehung dem Selbstbewusstsein schaden?

Es gibt natürlich auch Beziehungen, die das Selbstbewusstsein negativ beeinflussen können. Gerade dann, wenn Sie immer das Gefühl haben, nicht gut genug zu sein. Nicht so geliebt zu werden wie Sie sind, kann sehr verletzend sein. Solche Wunden schmerzen und können tiefe Spuren in der Seele hinterlassen.

Bemerkungen wie „Ich wusste, dass Du das nicht kannst“ oder „Lass die Finger davon, sonst machst du noch etwas kaputt“, verursachen zusätzliche Verletzungen. Natürlich beeinflussen auch Eifersucht oder das Fremdgehen des Partners das Selbstbewusstsein negativ.

Falls Sie in Ihrer Beziehung spüren, wie Ihr Selbstbewusstsein schwindet, sollten Sie zuerst das Gespräch mit dem Partner suchen. Sollten Sie auf diese Weise keine Lösung erzielen, kann auch eine Paartherapie helfen.

• Eine Paarbeziehung ist kein Heilmittel für zu wenig Selbstliebe

Eine Partnerschaft kann das Selbstbewusstsein natürlich positiv beeinflussen, ist aber nicht dafür da, einen Mangel an Selbstliebe auszugleichen. Viele Menschen, die sich selbst nicht lieben können, suchen verzweifelt nach Liebe und Anerkennung in der Beziehung. Das Problem hierbei ist allerdings, dass auch eine Partnerschaft nicht die Selbstliebe ersetzen kann. Um wirklich eine funktionierende, liebevolle Verbindung zu leben, müssen Sie sich selbst lieben.

Nehmen wir an, Sie haben über den Winter ein paar Kilo zugenommen und sind unzufrieden mit Ihrer Figur. Trotzdem kaufen Sie sich ein schönes Sommerkleid und führen es Ihrem Partner vor, von dem Sie begeisterten Zuspruch erhalten. Er sagt Ihnen, dass ihm das Kleid sehr gut gefällt und Sie darin toll aussehen. Aufgrund Ihrer Unzufriedenheit mit Ihren Rundungen können Sie das Kompliment Ihres Partners nicht annehmen. Vielleicht vertrauen Sie ihm in diesem Moment auch nicht und können nicht glauben, dass er Sie attraktiv findet, obwohl Sie gerade mit Ihrem Gewicht kämpfen und sich selbst nicht gefallen.

Wären Sie mit sich im Reinen, könnten Sie sich über das ehrlich gemeinte Kompliment freuen und würden nicht negativ darüber denken.

Der Mangel an Selbstliebe ist also keinesfalls dadurch auszugleichen, dass Sie sich in einer Partnerschaft befinden. Versuchen Sie herauszufinden, wo Ihre persönlichen Problempunkte liegen. Sie können sich hierfür ein paar Minuten Zeit nehmen und auf einem Blatt Papier notieren, was Sie an sich mögen und was nicht. Schauen Sie aber ganz bewusst auf die positiven Dinge und versuchen Sie immer wieder, an Ihrer Selbstliebe zu arbeiten.

• Tipps, um Beziehungen zu stärken

Bleiben Sie sich selbst treu

Eine Partnerschaft heißt nicht, dass Sie Ihre Hobbies und Interessen aufgeben müssen. Ganz im Gegenteil, Sie sollten immer wieder Situationen und Momente suchen, in denen Sie bewusst etwas unternehmen, das Ihnen guttut. Beispielsweise ein Nachmittag mit Freunden, eine sportliche Aktivität oder einfach eine Stunde in der Badewanne mit einem spannenden Buch. Ganz nach Ihren Vorlieben sollten Sie sich immer wieder Zeit für sich selbst gönnen und das gleiche auch dem Partner zugestehen. Das tut nicht nur Ihnen gut, sondern auch Ihrer Beziehung.

Nobody is perfect

Niemand ist perfekt und das ist auch absolut gut so. Sie müssen nicht versuchen, keine Fehler zu machen oder ein perfektes Bild abzugeben. Seien Sie ganz natürlich und versuchen Sie, offen und achtsam durch das Leben zu gehen. Nehmen Sie alles um sich herum bewusst wahr und entwickeln Sie sich dadurch ständig weiter.

Feiern Sie Ihre Individualität und Einzigartigkeit

Ihr optisches Erscheinungsbild, Ihr Charakter, Ihre Talente und Ihre Lebenserfahrungen machen Sie zu einer einzigartigen Person, die es auf der Welt nur ein Mal gibt. Das wissen wir mit Sicherheit alle, doch wie oft machen wir uns das tatsächlich bewusst?

Sie könnten beispielsweise damit beginnen, ein Tagebuch zu führen, denn das ist eine ideale Möglichkeit, um eine bessere Beziehung zu sich selbst aufzubauen.

Lieben Sie sich selbst

Wer unter einem mangelnden Selbstwertgefühl leidet, wird häufig mit Beziehungsproblemen oder Minderwertigkeitskomplexen zu kämpfen haben. Doch was ist mit Selbstliebe eigentlich gemeint? Selbstliebe ist kein Egoismus, sondern eine wohlwollende und positive Einstellung zur eigenen Person:

– Würdigen Sie Ihre Erfolge. Seien Sie stolz auf das, was Sie erreicht haben.
– Verbringen Sie Zeit mit sich selbst.
– Behandeln Sie sich so, wie Sie auch Ihren besten Freund oder Ihre beste Freundin behandeln würden.
– Schenken Sie Ihren Emotionen und Gedanken mehr Aufmerksamkeit.
– Vergeben Sie sich selbst Fehler, Misserfolge oder Missgeschicke.

Üben Sie sich in Dankbarkeit

Denken Sie in einer ruhigen Minute einmal darüber nach, wofür Sie in Ihrem Leben wirklich dankbar sind. Dieser Ratschlag mag Sie vielleicht verwundern, doch Sie werden sehen, wie wertvoll er ist.

Fokussieren Sie sich gezielt auf die Dinge, die Sie erfreuen und die gut laufen, denn auf diese Weise bauen Sie einen positiven Gefühlszustand auf und stärken Ihr Selbstvertrauen. Beginnen Sie zunächst einmal mit Ihrer eigenen Person und überlegen Sie, wofür Sie richtig dankbar sind. Was schätzen Sie an Ihrem Leben? Was haben Sie bisher erreicht?

Hier geht es nicht in erster Linie um weltbewegende Ereignisse oder einzigartige Erfolge. Das große Glück findet sich bekanntlich oftmals in den kleinsten Dingen des Lebens.

Gehen Sie anschließend einen Schritt weiter und denken Sie über die Menschen in Ihrem Umfeld nach: Sind Sie dankbar für Ihre Familie oder Ihren Beruf? Konzentrieren Sie sich bei Ihren Überlegungen immer auf die positiven Dinge und nicht auf das, was Sie ärgert oder nicht funktioniert.

Zum Schluss können Sie sogar noch einen Schritt weiter gehen und über die Welt nachsinnen, denn schließlich leben wir auf einem faszinierenden Planeten mit einer atemberaubenden Naturkulisse.

Nehmen Sie Ihre Bedürfnisse wahr

Im hektischen Alltag vergessen wir oftmals, was wir gerne möchten, was wir fühlen und uns wünschen. Genau diese Bedürfnisse zeigen, was Sie brauchen, damit Sie zufrieden und glücklich sind. Nehmen Sie sich einfach ein paar Minuten Zeit und notieren Sie auf einem Blatt Papier alles, was Sie gerade beschäftigt, welche Wünsche und Ängste Sie haben. Werden Sie sich dieser Gedanken und Gefühle bewusst. Versuchen Sie anschließend, im Alltag auf sich selbst besser zu achten. Tun Sie Dinge, die Ihnen ein gutes Gefühl geben. Versuchen Sie, Ihren Ängsten auf den Grund zu gehen und diese zu beseitigen. Teilen Sie anderen Ihre Wünsche und Ängste mit und achten Sie mehr auf sich und Ihre Bedürfnisse.

Machen Sie Ihren Mitmenschen Komplimente

Wer mit sich selbst unzufrieden ist, projiziert das auch auf seine Umwelt. Ein solches Verhalten bringt uns jedoch absolut nicht weiter und stärkt keinesfalls das Selbstwertgefühl. Es ist notwendig, diesen negativen Kreislauf durchbrechen. Beginnen Sie damit, Ihren Mitmenschen Komplimente zu machen, aber meinen Sie das, was Sie sagen, wirklich ehrlich.

Wenn Sie immer wieder versuchen, die besten Eigenschaften in Ihren Mitmenschen zu sehen, dann werden Sie zunehmend auch immer öfter das Beste aus sich selbst hervorbringen.

• Grenzen setzen muss gelernt sein!

Wir alle sollten unsere Grenzen erkennen und dementsprechend auch mal „Nein" sagen. Das ist kein egoistisches Verhalten, sondern beruht darauf, dass wir uns selbst nicht vernachlässigen dürfen.

Um für sich selbst einzustehen, müssen Sie auch mal etwas ablehnen können.

Nein sagen lernen:

– Bleiben Sie immer freundlich, doch sagen Sie auch mal eindeutig und bestimmt „Nein". Das Motto „Was nicht passt, wird passend gemacht" ist absolut falsch. Wenn Sie nicht wollen oder nicht können, müssen Sie auch nicht „Ja" sagen, nur um den Erwartungen anderer zu entsprechen.

– Falls Sie sich noch nicht zu einem „Nein" überwinden können, dann sagen Sie zumindest „vielleicht" oder „Ich muss erst terminlich etwas klären, bevor ich zusagen kann". Auf diese Weise gewinnen Sie ein wenig Zeit, um sich eine passende Erklärung zurechtzulegen, oder Sie schöpfen ein wenig Mut, um beim nächsten Mal „Nein" sagen zu können.

– Wenn Sie mögen, können Sie Ihrem Gegenüber auch kurz erklären, warum Sie „Nein" sagen, zum Beispiel: „Ich habe momentan beruflich und privat so viel um die Ohren, ich schaffe das gerade wirklich nicht." Vergessen Sie nie, dass es Ihr gutes Recht ist, auch mal etwas abzulehnen. Mit einer konkreten Argumentation kann der andere aber Ihren Standpunkt oft viel besser nachvollziehen und es gibt kein böses Blut.

– Sie können Ihrem Gesprächspartner auch eine Alternative anbieten: Vielleicht erklären Sie sich bereit, seiner Bitte nur teilweise oder an einem anderen Tag nachzukommen.

Grenzen setzen lernen:

– Halten Sie sich stets vor Augen, dass Sie immer die Wahl haben! Sie sind für sich selbst verantwortlich und Sie treffen Ihre ganz eigenen Entscheidungen.

– Für welchen Weg Sie sich auch entscheiden, Sie können die Richtung jederzeit korrigieren oder sogar umkehren.

– Keine Entscheidung ist in Stein gemeißelt und für den Rest des Lebens unveränderbar. Sie können Ihre Wahl immer noch ändern oder rückgängig machen, wenn Sie fühlen, dass es Ihnen nicht mehr gut tut. Hören Sie auf Ihr Herz und Ihr Bauchgefühl!

– Kommunizieren Sie auch anderen Menschen Ihre Grenzen!

– Sprechen Sie aus, was Ihnen wichtig ist und erklären Sie, warum Sie sich auf diese Weise entscheiden. Sollten Sie befürchten, jemanden zu verletzen, können Sie ein Gegenangebot machen: „Heute passt es mir nicht so gut, ich brauche ein wenig Ruhe, doch morgen Abend kann ich dir gerne helfen."

– Behandeln Sie sich selbst so wie Ihren allerbesten Freund. Gehen Sie liebevoll mit sich um und akzeptieren Sie auch Ihre eigenen Grenzen.

– Erkennen Sie Ihre Emotionen und Bedürfnisse und handeln Sie so gut es geht danach. Entschuldigen Sie sich nicht vor anderen dafür. Sie müssen niemandem Rechenschaft ablegen, denn nur Sie alleine tragen für sich selbst die Verantwortung.

– Setzen Sie sich kleine Zwischenziele, die einfacher zu erreichen sind. Natürlich ist es gut, sich von Zeit zu Zeit ein wenig herauszufordern, jedoch nicht zu überfordern.

– Setzen Sie Ihre eigenen Ziele nicht zu hoch an!

• Psychische Störungen und wie sie Beziehungen beeinflussen können

Im Folgenden zeige ich Ihnen drei gängige psychische Störungen, deren Betroffene unter anderem unter einem geringen Selbstbewusstsein leiden. Dies wirkt sich meist negativ auf Beziehungen aus. Vielleicht kennen Sie jemanden, der an einer dieser Störungen leidet, oder Sie sind sogar selbst betroffen.

Die anschließenden Erläuterungen sollen Ihnen die Symptome näherbringen, aber auch vor Gefahren warnen, die daraus entstehen können. Keinesfalls möchte ich Menschen in Schubladen stecken oder diskriminieren. Mein Ziel ist es lediglich, Sie über diese Formen von Störungen aufzuklären, sodass Sie Menschen besser verstehen und gegebenenfalls sich selbst schützen können.

Narzissmus

Die Bezeichnung "Narzissmus" wird von Narziss, einer Figur der griechischen Mythologie, abgeleitet. Es handelt sich hierbei um einen wunderschönen Jüngling, der aus Überheblichkeit und Stolz die Liebe der anderen zurückweist und sich stattdessen in sein eigenes Spiegelbild verliebt, als er seinen Durst an einer Wasserquelle stillen will. Der mythologischen Erzählung zufolge stürzt der Jüngling Narziss wegen der Illusion seiner selbst sowie aufgrund seiner großen Selbstverliebtheit ins Wasser und ertrinkt.

Der Begriff hat heutzutage sowohl eine umgangssprachliche wie auch eine psychologische Bedeutung. Im Alltag wird er oft als Attribut für einen Menschen verwendet, der sehr selbstbezogen und egoistisch ist, der sich vollkommen überschätzt und seine Mitmenschen nur in einem sehr geringen Maße beachtet. Die eigenen, ich-bezogenen Ansprüche werden also eindeutig über die Interessen der anderen gestellt. Ein narzisstischer Mensch hat überhaupt kein Gespür und kein Bewusstsein für die Wirklichkeit oder die tatsächlichen Reaktionen seines Umfelds. Diese Selbstzentrierung ist so aufgebläht, dass eine positive Eigenreflexion nicht mehr möglich ist. Zu Rücksichtnahme auf seine Mitmenschen oder einem empathischen, einfühlenden Verhalten ist ein Narziss so gut wie gar nicht fähig. Auch gegen Kritik von außen scheint er immun zu sein.

Es gibt aber auch Menschen, die nur hin und wieder narzisstische Züge aufzeigen, ansonsten aber eine normale Einschätzung ihrer eigenen Person haben. Beim Narzissmus wird - klinisch betrachtet - differenziert zwischen dem "Narzissmus" und der "echten narzisstischen Persönlichkeitsstörung". Letztere ist negativ zu bewerten.

Der gesunde Narzissmus ist ein natürlicher, menschlicher Zug, den wir dringend in unserem Leben brauchen: Ohne eine gewisse Portion Selbstrespekt und Selbstliebe können wir Menschen uns nicht gesund weiterentwickeln. Nur wer sich selbst liebt, seine eigenen Grenzen beachtet, auch mal „Nein“ sagen kann und seine eigenen Bedürfnisse achtet, kann auch liebevoll und empathisch auf seine Mitmenschen eingehen.

Menschen, die sich hingegen selbst hassen, können auch anderen keine Hilfe und Stütze im Leben sein. Aus einer Schwäche heraus kann keine Stärke vermittelt werden. Hass auf sich selbst führt nur zu einer ausgeprägten Unsicherheit, einer Zerstörungswut und letztlich zu einer Depression. Die Selbstliebe ist hingegen nicht mit Egoismus oder mangelnder Empathie gleichzusetzen. Sie ist, wie bereits erwähnt, ein natürlicher Charakterzug und sogar wünschenswert. Gefährlich und höchst problematisch wird der Narzissmus insbesondere dann, wenn diese Persönlichkeits- und Charakterhaltung unbewusst erfolgt, sich durch Unbelehrbarkeit und Starrsinn ausdrückt und anderen sowie der eigenen Person schadet.

Medizinisch betrachtet ist die echte narzisstische Persönlichkeitsstörung nicht heilbar. Sowohl die betroffene Person selbst wie auch das Umfeld leiden sehr unter den Auswirkungen dieser Störung.

Es gibt Experten zufolge mehrere Charaktereigenschaften, an denen sich Narzissten erkennen lassen:

– Narzissten besitzen eine übertriebene Selbstverliebtheit sowie ein vollkommen übersteigertes Selbstbewusstsein, das aber bei näherer Betrachtung sehr zerbrechlich ist. Das Selbstvertrauen dieser Menschen muss immer wieder durch die Aufmerksamkeit und die Bewunderung seiner Mitmenschen ausreichend Bestätigung erfahren. Narzissten wollen sich ständig neuprofilieren und im Rampenlicht stehen.

– Narzissten haben zwar einen übersteigerten Wunsch nach Bewunderung, möchten aber gleichzeitig für nichts die Verantwortung übernehmen.

– Narzissten zeigen im Alltag eine grenzenlose Selbstüberschätzung sowie eine ausgeprägte Arroganz und Überheblichkeit. Eine weitere Charaktereigenschaft von Narzissten ist ein ausgeprägter Egoismus.

– Narzissten sind unfähig, Kritik von ihren Mitmenschen anzunehmen. Sie empfinden Widerspruch oder Ablehnung als Bedrohung und können mit negativem Feedback nicht umgehen. In Folge kommt in ihnen der Wunsch auf, das Gegenüber zu vernichten. So beginnen sie aus ihrer grenzenlosen Wut heraus, nach Mitteln und Wegen zu suchen, um den Kritiker zu bestrafen.

– Narzissten streben in einem überdurchschnittlichen Maß nach Dominanz und Macht ihren Mitmenschen gegenüber.

– Narzissten können sich nicht in die Gefühle anderer hineinversetzen. Gleichzeitig haben sie aber vollkommen überhöhte Erwartungen an ihr Gegenüber. Die einzigen Gefühle, zu denen Narzissten im Grunde fähig sind, sind Hass, Gier, Eifersucht und Neid. Das führt dazu, dass sie in all ihren Mitmenschen erst das Negative sehen, denn sie selbst sind nur zu solchen Taten und Emotionen fähig. Infolgedessen nehmen Narzissten auch die Menschen ihres Umfelds als eine Gefahr wahr, die unterdrückt und vernichtet werden muss.

– Narzissten hegen große Neidgefühle gegenüber Personen, die etwas besser können als sie.

– Narzissten langweilen sich schnell und zeigen im Alltag eine gewisse Rastlosigkeit.
– Narzissten sind meistens notorische Lügner, die mit Unwahrheiten versuchen, ihr Umfeld zu manipulieren.

Wenn mindestens fünf der eben genannten Charaktereigenschaften zutreffen, handelt es sich um eine krankhafte Erscheinungsform des Narzissmus. Doch bereits einzelne Anzeichen können in einer zwischenmenschlichen Beziehung massive Schwierigkeiten bereiten und das Miteinander belasten. Aus diesem Grund ist es umso wichtiger, hinter die Fassade zu blicken und im Fall des Falles rechtzeitig gegenzusteuern.

Es ist ratsam, sich vor Manipulationsversuchen zu schützen. Dennoch sei gesagt, dass Narzissten keine „bösen" Menschen sind, sondern im Gegenteil einen hohen Leidensdruck haben. Ihr Handeln ist zu einem großen Teil ihrer Krankheit geschuldet. Außerdem verhalten sich nicht alle Menschen, die unter einer narzisstischen Persönlichkeitsstörung leiden, schlecht gegenüber anderen. Manche sind sich ihrer Störung bewusst, befinden sich in Therapie und gehen vorsichtig mit anderen um, so gut es ihnen möglich ist.

Das Borderline-Syndrom

Jeder Mensch hat ab und zu mal einen schlechten Tag, ist über etwas traurig oder ärgert sich. In der Regel verfliegt die gedrückte Stimmung recht bald und die negativen Emotionen verschwinden. Bei Menschen, die unter einer Borderline Persönlichkeitsstörung – kurz BPS – leiden, verhält es sich anders: Häufig reicht ein minimaler Anlass, um die Gefühlslage komplett aus der Balance zu bringen. Infolgedessen kommt es zu intensiven Emotionen wie Verzweiflung, Wut oder Angst. Diese Gefühle kommen schlagartig auf und sind für die Betroffenen kaum zu kontrollieren.

Charakteristisch für die Borderline Störung ist eine sehr starke innere Anspannung. Diese resultiert vor allem daraus, dass die Betroffenen nicht imstande sind, die Alltagserlebnisse gefühlsmäßig korrekt einzuordnen und zu verarbeiten. Borderliner wissen im Grunde nicht, wer sie eigentlich sind oder wer sie gern sein würden. Man kann also sagen: Sie sind sich nicht ihrer selbst bewusst – sie sind nicht selbstbewusst. Sie haben ein stark vermindertes Selbstwertgefühl und leiden unter einer anhaltenden inneren Leere. Das hindert sie letztlich auch daran, Frusterlebnisse oder sonstige negative Emotionen richtig zu verarbeiten.

Steigt der emotionale Stresspegel zu hoch an, beginnt der Organismus der Borderline-Patienten nach Notfalllösungen zu suchen, um die innere Anspannung wieder abzubauen.

Die Betroffenen fangen damit an, unüberlegt und impulsiv zu handeln, in sehr vielen Fällen leider auch selbstgefährdend: Einige von ihnen geben zu viel Geld aus, wechseln stetig die Sexualpartner oder beginnen mit dem Drogen- bzw. Alkoholmissbrauch. Auch selbstverletzende Maßnahmen wie zum Beispiel das „Ritzen" oder Selbstmordgedanken sind klassische Anzeichen einer Borderline-Persönlichkeitsstörung.

Der häufigste Auslöser für diese Persönlichkeitsstörung ist eine vorangegangene emotionale Vernachlässigung der Betroffenen. Die Erkrankung selbst zeigt sich oft erst im frühen Erwachsenenalter. So vielfältig und komplex die Symptome auch sind, so vielseitig sind auch die Ursachen. Nahezu ausnahmslos lassen sich in der Vergangenheit der betroffenen Personen traumatische Erlebnisse beobachten. Sehr häufig mangelt es schon im Kindesalter an Anerkennung, Wertschätzung, Geborgenheit und emotionaler Zuwendung von Seiten wichtiger Bezugspersonen. Auch Missbrauch oder Misshandlungen sind häufige Auslöser einer Borderline-Persönlichkeitsstörung.

Für die Betroffenen ist es fast unmöglich, zwischenmenschliche Beziehungen einzugehen. Sie versuchen, sich die fehlende Zuwendung und Wertschätzung zu holen, indem sie einen intensiven Kontakt zu ihrem Gegenüber knüpfen und den anderen nahezu idealisieren. Gleichzeitig leiden sie jedoch unter einer enormen Angst, allein zu sein oder verlassen zu werden. Diese hohen Ansprüche kann langfristig kein Beziehung spartner erfüllen. Der Borderline-Betroffene fühlt daraufhin eine tiefe Enttäuschung. Er wertet den zuvor noch idealisierten Partner ab und zieht sich völlig von ihm zurück.

Nicht alle Betroffenen zeigen dieselben Verhaltensmuster oder Symptome – vor allem nicht gleichzeitig. Darüber hinaus können die Anzeichen einer Borderline-Störung unterschiedlich intensiv ausgeprägt sein. Aus diesem Grund ist auch eine Diagnose nicht immer einfach. Um eine klare Einschätzung abgeben zu können, verfügen Fachmediziner über einen international standardisierten Diagnoseschlüssel: Durch ausführliche Arzt-Patienten-Gespräche sowie psychologische Testverfahren können andere psychische Krankheiten ausgeschlossen werden. Das ist sehr wichtig, denn viele Betroffene leiden zudem an Essstörungen, Suchterkrankungen oder Depressionen.

Wissenschaftler gehen nach aktuellem Wissenstand davon aus, dass die Kommunikation zwischen bestimmten, für die Verarbeitung von Gefühlen zuständigen Gehirnzentren bei den Betroffenen beeinträchtigt ist. Aus diesem Grund erleben die Patienten Emotionen auch deutlich intensiver als gesunde Menschen. Ob die Neigung zum Borderline angeboren sein kann oder nur das Resultat traumatischer Kindheitserfahrungen ist, konnte bislang noch nicht hundertprozentig geklärt werden.

Für psychische Erkrankungen steht eine breitgefächerte Palette an Therapiemöglichkeiten zur Verfügung. Die Hauptsäulen der Borderline-Behandlung sind eine medikamentöse Therapie sowie eine Psychotherapie. Auf welche dieser beiden Säulen der Schwerpunkt liegt, hängt vor allem vom Schweregrad der Krankheit ab.

Abhängige Persönlichkeitsstörung

Diese psychische Erkrankung wird dominiert durch ein tiefes und überaus intensives Bedürfnis der Betroffenen, von anderen versorgt zu werden. Sie klammern sich regelrecht an ihr Gegenüber und unterwerfen sich ihm und seinen Wünschen. Patienten mit einer abhängigen Persönlichkeitsstörung leiden zudem unter stark ausgeprägten Trennungsängsten.

Die Betroffenen brauchen viele Ratschläge und ebenso reichlich Bestätigung von ihrem Umfeld, um überhaupt Alltagsentscheidungen treffen zu können. Die Organisation zentraler Lebensbereiche, wie zum Beispiel die Alltagsplanung oder die Ordnung finanzieller Angelegenheiten, können sie ohne Unterstützung nicht meistern. Wie die Namensbezeichnung bereits zum Ausdruck bringt: Sie sind abhängig – in den meisten Fällen von einer einzelnen Person.

Die Betroffenen leiden unter einer starken Angst, irgendwann ihren Rückhalt und ihre Unterstützung im Leben zu verlieren. Infolgedessen fühlen sie sich schwach, alleingelassen, hilflos und schlicht lebensunfähig. Damit solche Gefühle gar nicht erst eintreten, widersprechen die Betroffenen anderen nicht und vertreten ihren Mitmenschen gegenüber auch keine eigene Meinung. Sie sind sich ebenfalls nicht ihrer selbst bewusst, sondern versuchen sich vielmehr, an ihr Umfeld anzupassen.

Betroffene, die unter einer abhängigen Persönlichkeitsstörung leiden, tun alles Erdenkliche, um die Umsorgung und die Zuwendung der anderen keinesfalls zu verlieren. Infolgedessen übernehmen sie auch unwillkommene Aufgaben. Es fällt ihnen ziemlich schwer, etwas von sich aus zu beginnen und anschließend auch konsequent und konzentriert dranzubleiben, vor allem dann, wenn sie von niemandem dabei unterstützt werden. Dies beruht jedoch nicht auf einer fehlenden Motivation, sondern vielmehr auf tiefsitzenden Selbstzweifeln.

Auch die von dieser Störung Betroffenen leiden unter einem stark verminderten Selbstbewusstsein. Sie sind der Meinung, dass andere Menschen alles viel besser können als sie selbst. Aus solchen Gedankengängen heraus entsteht die Überzeugung, dass sie ohne ihr Gegenüber – von dem sie persönlich abhängig sind – nicht lebensfähig sind. So gehen die Betroffenen schnell neue Beziehungen ein, wenn eine bestehende zerbricht.

Aus der Überzeugung heraus, die Unterstützung der anderen dringend zum Überleben zu brauchen, leben die betroffenen Personen in der ständigen Angst, alleingelassen zu werden, auch wenn es für derlei Befürchtungen keinerlei greifbaren Motive gibt.

Das charakteristische, klammernde Verhalten resultiert aus der abhängigen Persönlichkeitsstörung heraus. Um die Zuwendung der anderen Menschen nicht zu verlieren, nehmen die Betroffenen oftmals auch Demütigungen oder gar Misshandlungen wehrlos hin.

Nachwort

Ich möchte Ihnen herzlich danken, dass Sie sich die Zeit genommen haben, dieses Buch zu lesen. Ich hoffe, dass Sie viele wertvolle Dinge für sich mit in den Alltag nehmen und ihr Selbstbewusstsein so Schritt für Schritt aufbauen können.

An seiner eigenen Person sowie an seinem Selbstbewusstsein zu arbeiten bedeutet, sich persönlich stetig weiterzuentwickeln und sich immer wieder aufs Neue herauszufordern. Verlassen Sie festgefahrene Denkmuster und Strukturen. Vertreten Sie mit aufrechter Körperhaltung Ihre Meinung vor anderen Menschen. Seien Sie mutig und wagen Sie den Schritt in ein selbstsicheres und selbstbewusstes Leben!

Es gibt so viele verschiedene Möglichkeiten, sein Selbstvertrauen zu stärken. Das heißt aber nicht, dass Sie in einer ständigen Baustelle feststecken. Gehen Sie die Dinge locker und positiv an und haben Sie vor allem auch viel Geduld mit sich selbst. Nehmen Sie sich und Ihre eigenen Bedürfnisse wichtig und rücken Sie diese mehr in den Vordergrund.

Je selbstbewusster Sie werden, desto spannender, aufregender und bunter wird Ihnen das Leben vorkommen. Nehmen Sie auch mal Misserfolge oder Tiefpunkte dankbar an und stellen Sie nicht Ihre gesamte Person in Frage. Misserfolge lassen uns reifen und täglich stärker werden.

Ich wünsche Ihnen viel Erfolg und alles Gute bei Ihrer Reise vom Kätzchen zum Löwen. YOU CAN DO IT!

Danke

Vielen Dank dafür, dass Sie mein Buch gelesen haben.
Ich hoffe, dass Sie all Ihre Ziele erreichen und schnell über sich hinauswachsen.

Bei Fragen und Anregungen zu meinem Buch schreiben Sie gern eine E-Mail an:service@great-books4you.com

Herzlichst,
Richard Nehls-Zeiler

Über den Autor

Der Autor **Richard Nehls-Zeiler** führt ein erfolgreiches Unternehmen und beschäftigt sich seit über 20 Jahren mit der Psychologie des Menschen.
Sein großer Erfahrungsschatz im Umgang mit Menschen und seine Expertise in verschiedenen psychologischen Bereichen helfen ihm nicht nur im Berufsalltag sondern auch privat weiter. Deshalb möchte er sein Wissen unbedingt jedem vermitteln, der sich ebenfalls für die Psychologie interessiert. Denn die Lehre der Seele ist der Schlüssel zum Erfolg! Der Auor hat es geschafft, sein Selbstbewusstsein Schritt für Schritt aufzubauen und möchte nun aufzeigen, wie genau das funktioniert.
In seiner Freizeit liebt er es, zu schreiben und sich weiterzubilden. Außerdem unternimmt er gern Wanderungen mit seiner Familie und seinen zwei Hunden. „In der Natur kann man Kraft tanken und einfach aufblühen", so der Autor.
Richard wünscht seinen Leserinnen und Lesern viel Freude beim Lesen und dass sie all ihre Träume verwirklichen können.

Haftungsausschluss

Der Autor übernimmt keinerlei Gewähr für die Aktualität, Korrektheit, Vollständigkeit oder Qualität der bereitgestellten Informationen und weiteren Informationen. Haftungsansprüche gegen den Autor, welche sich auf Schäden materieller oder ideeller Art beziehen, die durch die Nutzung oder Nichtnutzung der dargebotenen Informationen bzw. durch die Nutzung fehlerhafter und unvollständiger Informationen verursacht wurden, sind grundsätzlich ausgeschlossen, sofern seitens des Autors kein nachweislich vorsätzliches oder grob fahrlässiges Verschulden vorliegt. Alle Angaben wurden vom Autor mit größter Sorgfalt und nach bestem Wissen und Gewissen recherchiert oder spiegeln seine eigene Meinung wider. Der Inhalt des Buches passt möglicherweise nicht zu jedem Leser und die Umsetzung erfolgt ausdrücklich auf eigenes Risiko. Es gibt keine Garantie dafür, dass alles genau so, bei jedem Leser, zu genau den gleichen Ergebnissen führt. Der Autor und/oder Herausgeber kann für etwaige Schäden jedweder Art aus keinem Rechtsgrund eine Haftung übernehmen.

Urheberrecht

Impressum

Richard Nehls-Zeiler wird vertreten durch:
Straight - Marketing GmbH
Mittenwalderstrasse 5a
82467 Garmisch-Partenkirchen
service@great-books4you.com

1. Auflage 2021

Covergestaltung: Casandra Krammer – www.casandrakrammer.de